S. HENRY BERTHOUD.

MARIANNE

DE

SELVIGNIES

I

PARIS,
L. DE POTTER, LIBRAIRE-ÉDITEUR,
Rue Saint-Jacques, 38.

1845

MARIANNE DE SELVIGNIES.

LIVRES DE FONDS.

GEORGE SAND.

La Comtesse de Rudolstadt. . . . . . 5 vol. in-8.
Consuelo. . . . . . 8 vol. in-8.
Horace. . . . . . 3 vol. in-8.

Mme MÉLANIE WALDOR.

La Coupe de Corail. . . . . . 2 vol. in-8.
André le Vendéen. . . . . . 2 vol. in-8.
Le Château de Ramsberg, (*Sous presse*). . . . . 2 vol in-8

S. HENRY BERTHOUD.

La Bague Antique.
- *Première série.*—**Courtisanne et Sainte.** 2 vol. in-8.
- *Deuxième série.*—**Gabriel Rusconnetz.** 2 vol. in-8.
- *Troisième série.* — **Berthe Frémicourt.** 2 vol. in-8.
- *Quatrième série.* — **L'Enfant sans Mère.** 2 vol. in-8.

Le Fils du Rabbin. . . . . . 2 vol. in-8.
Marianne de Selvignies. . . . . . 2 vol. in-8.

TOUCHARD LAFOSSE.

Hélène de Poitiers. . . . . . 2 vol. in-8.
Un Lion aux bains de Vichy. . . . . . 2 vol. in-8.
Le Rémouleur ou la Jeunesse dorée. . . . . . 2 vol. in-8.
Les trois Aristocraties . . . . . 2 vol. in-8.
L'Homme sans Nom. . . . . . 2 vol. in-8.

Andalousia, par LOTTIN DE LAVAL. . . . . . 2 vol. in-8.
Les Comtes de Montgommery, par LE MÊME. . . . . . 2 vol. in-8.
Le Cabaret de Ramponneau, par AMÉDÉE DE BAST. . . . . 2 vol. in-8.
Les Brodeuses de la Reine, par ERNEST ALBY. . . . . . 2 vol. in-8.
L'Échelle de Soie, par HYPPOLYTE LUCAS. . . . . . 2 vol. in-8.
Le Grenadier de l'île d'Elbe, par BARGINET (de Grenoble). . 2 vol. in-8.
Fleur d'Épée, par A. de KERMAINGUY. . . . . . 2 vol. in-8.
Le Diamant de la Vouivre, par LOUIS JOUSSERANDOT. . . . 2 vol. in-8.
Le Capitaine Spartacus, par PAUL FÉVAL. . . . . . 2 vol. in-8.
Le Duc de Bassano, souvenirs intimes de la République et de l'Empire, recueillis et publiés par CHARLOTTE DE SOR. . . . 2 vol. in-8.
Un Secret dans le Mariage, par MADAME SOPHIE PANNIER. . 2 vol. in-8.
Les Deux Amours, par ÉMILE BIGILLION. . . . . . 2 vol. in-8.
La Poule aux OEufs d'or, par JULES LACROIX. . . . . . 2 vol. in-8.
Le Yacht du Diable, par JULES DAVID. . . . . . 2 vol. in-8.

Sceaux. - Impr. de E. Dépée

S. HENRY BERTHOUD.

MARIANNE

DE

SELVIGNIES

I

PARIS,
L. DE POTTER, LIBRAIRE-ÉDITEUR,
Rue Saint-Jacques, 38.

1845.

I.

UNE SOIRÉE D'ARTISTE.

Vers la fin du mois de novembre 183..., deux étrangers parcouraient lentement le boulevart des Italiens. L'un de ces promeneurs était un homme qui pouvait compter cinquante ans environ; l'autre, une femme, de la langue hollandaise, se tenaient arrêtés devant un magasin, un homme jeune encore, d'un extérieur plein de distinction, et à la boutonnière duquel brillait la rosette d'officier de la Légion-d'Honneur, les aborda affectueusement.

— Vous êtes à Paris! s'écria-t-il, et votre première visite n'a point été pour moi, votre cousin et votre hôte? Vous qui vous montrez, avec tant de religion, observateurs des lois de l'hospitalité dans votre Frise, vous ne devriez point la respecter si peu en France. Vous m'avez recueilli chez vous, malade, blessé, mourant, quoique je ne fusse pour vous qu'un parent éloigné et à peu près inconnu; je dois la vie aux soins dévoués de madame Van-Gastel, et aux preuves de l'intérêt fraternel que vous m'avez données......

Je devais donc supposer que vous aviez un peu
d'affection pour moi. Pas du tout : vous arrivez à Paris sans m'en prévenir ! sans que ma
main ait pressé la vôtre au moment où vous
descendiez de voiture ! sans me demander de
vous servir de guide et d'hôte ! Cela n'est pas
bien , et vous m'affligez sérieusement.

Madame Van-Gastel, d'une voix douce et
bienveillante, balbutia quelques excuses banales, que son mari confirma par des lieux-
communs débités avec une prétentieuse sécheresse.

— Vous n'avez qu'un moyen de réparer
un peu le chagrin que vous m'avez fait...
Je vous pardonnerai cette trahison à une seule
condition Aujourd'hui, dans deux heures,
sans une hésitation , sans une pensée

d'excuse ou de refus, venez dîner chez moi. Je célèbre, avec quelques amis, la naissance de ma fille.

— De votre fille? interrompit Van-Gastel. J'ignorais, monsieur Anselme, que vous fussiez marié.

Une rougeur légère passa rapidement sur le visage de celui à qui s'adressaient ces paroles.

—Vous viendrez, n'est-ce pas, dit-il. Vous savez que je demeure 36, rue Navarin. Adieu, à tout-à-l'heure !

— Quel bonheur d'avoir rencontré de la sorte mon bon parent, M. Anselme. Noble cœur ! quelle affection il nous a témoignée !

Dix années n'ont altéré en rien le souvenir qu'il garde de nous, dit madame Van-Gastel émue.

— Je trouve son invitation passablement cavalière, et j'ai bien envie de ne pas y répondre, interrompit brusquement le Hollandais. Depuis quand invite-t-on ainsi, dans la rue, au pied levé, un homme de considération, le bourgmestre de Lewardeen?

— Les usages français ne sont point les mêmes que les nôtres, s'empressa d'alléguer la conciliante Hollandaise. Une personne instruite, comme vous, le sait bien, mon ami : ce qui manquerait de convenance dans notre pays, n'est point inconvenant autre part. M. Anselme en agit à notre égard sans façon; il ne faut y voir qu'une preuve de tendresse et de reconnaissance... Vous irez, n'est-pas?

Menheyr Van-Gastel ne se laissait pas convaincre facilement, et n'avait pas l'habitude de se rendre à une seule objection. Il fallut donc que sa femme, pour le déterminer à laisser de côté sa susceptibilité et son respect exagéré des convenances, recourût à de nombreux arguments et déployât cette ruse et cette persévérance dont les femmes, même les plus soumises, ne manquent jamais, en face d'une volonté de leur mari. Elle finit par le déterminer à rentrer à l'hôtel, où ils étaient descendus, et à s'occuper du changement de costume que nécessitait l'invitation de M. de Selvignies.

Ces préparatifs terminés, tandis qu'une voiture les menait de l'hôtel chez l'artiste,

menheyr Van-Gastel continua ses objections
contre la détermination que lui avait fait
prendre sa femme.

— Dieu sait, disait-il, quelle société nous
allons trouver chez ce peintre ! A en juger
par la manière dont il fait ses invitations ,
ses convives doivent être sans gêne. Pourvu
qu'il ne se trouve là aucune femme qui m'o-
blige à me retirer avec vous... ! Voici la première fois de ma vie qu'on me traite si leste-
ment ! Vous me faites faire une véritable sot-
tise en me forçant à vous accompagner à ce
dîner.

Les plaintes et la mauvaise humeur du
bourgmestre ne s'appaisèrent point quand le
concierge de la maison habitée par Anselme ,
lui indiqua que l'appartement de l'artiste se

trouvait au troisième au-dessus de l'entresol. En gravissant l'escalier raide et fatiguant, il répéta ses doléances, non sans se demander avec aigreur comment on pouvait demeurer si haut; et quelle espèce de logement on devait trouver sous les combles. Enfin, grondant, haletant, harrassé, il arriva devant une porte près de laquelle se tenait un domestique en grande livrée et le chapeau à la main. Le bourgmestre lui dit son nom avec emphase, afin qu'on l'annonçât. Le domestique ne répondit point. Menheyr Van-Gastel recommença, et ce fut seulement alors qu'il reconnut, dans le soi-disant domestique, un mannequin habillé.

— Cette sotte plaisanterie, gronda-t-il, peut, madame, vous donner une idée de la réception qui nous attend.

Il tira brusquement la sonnette. Un domestique véritable, cette fois, vint ouvrir et introduisit le bourgmestre dans un joli petit salon meublé avec un goût extrême, et que décoraient des esquisses et des tableaux signés par les maîtres les plus célèbres.

Entouré déjà de quelques amis, Anselme vint au devant de menheyr Van-Gastel et de sa femme, avec un empressement affectueux qui dérida le front du magistrat hollandais.

Deux jeunes femmes d'une grande beauté, et dont les manières annonçaient une extrême distinction, mirent la plus charmante grâce à offrir leur place, près de la cheminée, à l'étrangère, tandis qu'Anselme présentait solennellement à ses amis, menheyr Van-Gastel, bourgmestre de Lewardeen, son parent, son ami et son hôte.

Malgré la bonne opinion qu'il professait pour lui-même et en dépit de son orgueil naturel, le Hollandais éprouva d'abord un sentiment de gêne et presque de timidité, au milieu de ce monde nouveau pour lui. Il se rapprocha instinctivement du plus âgé et du plus sérieux, en apparence, de tous les convives. C'était un homme de cinquante ans environ, un peu chauve, un peu louche, un peu obèse, et qui portait à sa boutonnière, une chaînette d'or, chargée de sept ou huit décorations. Il reçut avec une solennité goguenarde les avances du Hollandais. Anselme se hâta de venir se placer en tiers dans la conversation.

— Prends garde, Peyraicave, dit-il tout bas et en italien au gros homme, la moindre plaisanterie blesserait le bourgmestre, et le blesser serait m'affliger.

Aussitôt, celui à qui s'adressait cette recommandation, fit le sacrifice des plaisanteries qui se pressaient sur ses lèvres, et se mit à deviser avec un grand bon sens, de la Hollande qu'il avait vue, en artiste d'intelligence et de savoir. Il trouva moyen de flatter l'amour-propre national du bourgmestre et se gagna peu à peu sa bienveillance.

— Voici la reine de la fête, dit-il tout-à-coup, en s'interrompant. Vite à nos bouquets !

Une porte s'ouvrit. Au milieu du joyeux empressement que chacun mettait à s'armer de fleurs, une jeune fille, accompagnée de sa gouvernante, parut sur le seuil.

— Chère Marianne ! s'écria Anselme, en

posant ses lèvres sur le front de la jeune fille;
mon enfant, ma joie, ma vie, Dieu te bénisse
pour le bonheur et pour la tendresse dont tu
combles ton père !

Tandis qu'il parlait ainsi , ses paupières
étaient pleines de larmes. Les deux jeunes
femmes vinrent à leur tour embrasser Marianne; Peyraicave, d'un ton moitié bouffon et
moitié paternel, déclara aux convives, qu'en
sa qualité de quinquagénaire, il jouissait seul
du privilége de donner un baiser à mademoiselle Marianne; la jeune fille lui présenta ses
joues de la meilleure grâce du monde. Puis,
tendant la main à menheyr Van-Gastel :

— Cousin , dit-elle, món père est bien
heureux de vous voir prendre part à notre
fête de famille. Il n'avait point attendu jus-

qu'à ce jour pour me parler de vous, m'exprimer la reconnaissance qu'il vous doit, et m'apprendre à vous aimer comme il vous aime.

Il y avait tant de candeur dans les manières de la jeune fille, tant de charme dans le son de sa voix, tant de vérité dans l'expression de ses paroles, que le bourgmestre sentit sa mauvaise humeur disparaître tout-à-fait en présence de cet ange.

Marianne alla s'asseoir ensuite près de madame Van-Gastel, et se concilia, dès les premiers mots, la bienveillance de l'excellente personne. Tous les convives se trouvaient donc dans les meilleures dispositions, quand on vint annoncer que le dîner était servi.

La somptuosité du couvert et le luxe du

repas faillirent rendre au bourguemestre sa mauvaise humeur. Les argenteries de famille et la bonne chère bourgeoise de sa table frisonne s'effaçaient, dans sa pensée, et perdaient en présence de tant de somptuosité, une partie de la vénération admiratrice qu'il était habitué à leur vouer depuis son enfance. Il se sentit humilié, tandis que sa femme s'extasiait naïvement.

Ce n'était point là d'ailleurs le seul sentiment de jalousie qu'il éprouvait.

La conversation brillante et animée des convives, qui allaient des idées les plus élevées aux extravagances les plus folles, toujours inattendus, toujours supérieurs, même quand ils se livraient à la déraison, le déconcertait et le plaçait dans une sorte de contrainte; il restait froid aux plaisanteries intarissables de Peyraicaye. Ces plaisanteries jaillissaient avec une verve éblouissante, des lèvres du vieux peintre et jetaient ses amis dans ce bon rire inextinguible que le divin Homère enviait si fort aux dieux de son Olympe. Le bourgmestre leur en voulait de leurs joies et jetait des regards de réprimande sur sa femme, qui, sans comprendre tout-à-fait le sel attique du spirituel bouffon, partageait sans résistance l'hilarité qui éclatait autour d'elle.

Le bourgmestre se mit à interroger chacun des visages placés en face de lui; sur tous resplendissait la gaieté et le rire; seul, Anselme ne se livrait point à ces accès presque convulsifs; les yeux attachés sur Marianne, il jouissait avec extase du bonheur de son enfant, qui se laissait aller au rire avec l'abandon d'une jeune fille de seize ans. Chacune des impressions exprimées par les traits de Marianne se réflétait sur la physionomie de son père; il ne sentait et ne vivait en ce moment que par son enfant. Le bourgmestre, malgré sa mauvaise humeur s'émut en présence de cette affection profonde, immense, et qui, dans sa sublimité, touchait presque au fanatisme.

Marianne, au milieu de sa joie n'oubliait point son père; de temps à autre, par un regard, elle lui transmettait ses sensations; de temps à autre, elle disait avec un adorable mouvement de tête :

— Oh ! père, que je m'amuse !

Une sorte de frisson passait alors dans toute l'organisation d'Anselme. Une larme , une larme délicieuse brillait dans ses yeux, et les saints enivrements de la paternité inondaient son ame.

Marianne justifiait cet amour qui dépassait en énergie tout ce que les autres passions humaines peuvent avoir de grand et d'absolu. Quoiqu'elle atteignît à peine sa seizième année, elle réunissait déjà, à la grâce pétulante de l'enfance, la réserve virginale qui brille comme une céleste auréole sur le front des adolescentes. Ses cheveux blonds seyaient d'une façon ravissante à son visage arrondi et à son teint d'une délicate fraîcheur. Jamais son père n'avait créé, pour les madones de ses tableaux, des mains et des bras d'une pareille perfection. On ne pouvait enfin rêver une taille plus souple et plus chaste à la fois.

Confiante dans l'affection sans bornes dont la comblaient, à l'exemple de son père, tous ceux qui l'entouraient, elle avait, on le comprenait, été préservée par une nature droite et par un sens exquis, des écueils dans lesquels pouvaient la jeter ces empressements. Chacun cherchait à lui complaire et à lui donner des preuves d'intérêt. C'était rendre son père si heureux ! c'était s'attirer de sa part un coup-d'œil si reconnaissant ! Aussi chaque éclat de rire de Marianne redoublait la verve de Peyraicave. Il inventait pour elle mille folies devant lesquelles le spleen en personne eût cédé, et qui faisaient naître parfois, jusque sur les lèvres du rogue bourgmestre, une sorte de grimace assez voisine du sourire. Enfin on se leva de table ; Peyreicave, l'ame des plaisirs et des conspirations comiques, déclara, en faisant une trompette d'un verre à vin de Champagne, qu'il interdisait, à tout

venant, l'entrée de l'atelier voisin jusqu'à ce
que le signal de trois coups de bâton permît
d'entrer dans cette salle dont il s'instituait le
maître souverain jusqu'à minuit.

— Attendu, continua-t-il toujours du ton
d'un hérault, que la santé de mademoiselle
Marianne ne lui permet pas de veiller tard,
sous peine d'indisposition, et qu'une migraine
de mademoiselle Marianne donne la fièvre à
son père, à minuit chacun s'en ira ! Sonnez,
clairons.

Il sortit, le poing sur la hanche et une ser-
viette jetée sur son épaule gauche, en guise
de tabarre.

Le bourgmestre n'avait point assez d'yeux

pour regarder cette parade; il se demandait
si ce n'était point un rêve qui lui montrait,
se livrant à de pareils actes de folie, un homme
âgé, d'apparence respectable, à qui son talent
valait une réputation brillante, et que la plupart des souverains de l'Europe avaient ho-
noré de leurs ordres. Personne ne partageait
autour de lui sa surprise et son mécontentement. Au contraire, chacun parlait avec curiosité des mystères préparés dans l'atelier
par l'artiste, et attendait impatiemment que
le moment de l'initiation arrivât.

Cependant le salon s'emplissait de nouveaux invités.

Les préparatifs de Peyraicave étaient la
première nouvelle dont on les saluait, et ils la
recevaient avec enthousiasme.

Parmi les derniers venus, le bourgmestre
remarqua un jeune homme d'une physionomie régulière et d'une beauté à laquelle on
pouvait reprocher un peu de fadeur ; ses manières ne manquaient pas d'élégance et trahissaient de la fatuité. Il s'assit d'abord près
d'une fenêtre, mais il ne tarda point à quitter
cette place où se faisait sentir le froid qui se
glissait à travers les interstices des vitres.

Il ne se trouva pas mieux aux abords de la
porte. Chaque fois qu'elle s'ouvrait, un redoutable courant d'air venait frapper de son
glacial contact ceux qui se trouvaient sur son
passage. Il gagna le fond de l'atelier ; la chaleur y faisait monter le sang à la tête. Près
du théâtre, le bruit de la musique et l'éclat
des bougies lui faisaient craindre la migraine.
Aux questions quelque peu perfides que ses

amis lui adressaient sur sa santé, il répondait en secouant la tête, et leur décrivait, en pâlissant, les maux graves dont il se croyait menacé et même atteint. Un sourire railleur était la réponse qu'il recevait d'ordinaire. Alors il s'indignait, et il levait tristement les yeux au ciel, tandis qu'on se faisait un jeu de cette manie mélancolique, et que tous venaient, les uns après les autres, s'amuser de ses craintes imaginaires et en provoquer l'énumération. Tout-à-coup, entra un vieillard d'un aspect singulier, et avec lequel la jeune fille qui l'accompagnait formait le plus étrange contraste.

Aussitôt Ernest de Mandelle, c'était le nom du jeune homme, oublia les inquiétudes que lui inspirait sa santé, et courut au-devant des derniers venus.

— Bonjour, mon cher docteur, dit-il en lui donnant la main. Mademoiselle Blanche me permettra-t-elle de lui présenter mes hommages ?

La jeune fille répondit en souriant.

Le docteur, par une manœuvre habile, se plaça entre Blanche et Ernest.

— J'arrive un peu tard, dit il ; j'ai été retenu jusqu'à présent par l'autopsie d'un cadavre dans lequel j'avais cru reconnaître des symptômes de choléra.

— Et quel a été le résultat de cette autopsie, docteur Kreischmann ? demanda Ernest en se reculant un peu.

— Des symptômes équivoques, et qui ne me tirent point de doute; ils ne prouvent rien, ni pour ni contre mes présomptions.

Ernest de Mandelle aperçut tout-à-coup, à l'autre bout de l'atelier, un de ses amis auquel il avait besoin de parler, dit-il. Tandis qu'il s'éloignait, un sourire passa sur les lèvres du docteur et rassura le bourguemestre, placé près du médecin par le départ du fashionable. Or, menheyr Van-Gastel commençait à trouver peu agréable d'occuper une chaise, côte-à-côte, avec le fauteuil d'un homme qui, tout-à-l'heure, respirait les miasmes contagieux d'un pestiféré. Il se mit à regarder attentivement l'homme qui recourait à de pareilles intimidations pour écarter un importun d'une jeune fille. Il acquit bientôt la conviction que le docteur n'avait d'autre pensée que d'éloigner de cette charmante créature ceux qui tentaient de causer avec elle. Le vieillard oubliait tout le reste pour épier avec sollicitude sa pupille. Il la tenait sous une sorte de fascination, et l'arrêtait souvent, par un regard impérieux, au milieu d'une phrase. Alors le visage de Blanche se couvrait de rougeur ; elle s'interrompait brusquement et baissait les yeux.

Tout annonçait cependant l'intelligence et l'esprit chez cette jeune fille, au sourire malin, aux yeux pleins de vivacité ; ce ne pouvait être la crainte de l'entendre dire quelque maladresse qui tenait ainsi en émoi son mentor. Quel sentiment inspirait donc cette anxiété dans laquelle le jetaient chaque parole, chaque geste de Blanche ?

C'était du reste une figure digne d'Hoffmann

que ce grand vieillard , usé par la science et par l'âge, haut, mince, droit, et dont la tête seule se tenait courbée en avant. Il avait, sous son épais sourcil, un œil petit, noir, vif, qui dardait une flamme sombre , et sur lequel les regards des autres ne se fixaient pas impunément. Ernest de Mandelle, qui s'obstinait à lorgner Blanche et à s'attirer l'attention de la jeune fille, finit, sous l'œil magnétique du docteur, par se déconcerter et par renoncer à ses tentatives de coquetterie.

Malgré son accent allemand , le docteur Kreischmann révélait dans toute sa personne le caractère italien; son visage basané, la chevelure noire et plantureuse qui couvraient sa grosse tête, semblaient appartenir à la race romaine. On retrouvait néanmoins l'enfant de la Germanie dans la lenteur de sa voix , qui

semblait laisser tomber chaque syllabe une à
une et qui leur donnait une valeur tudesque
de prosodie.

Tandis que le bourgmestre cherchait à de-
viner le mot de l'énigme que posait devant sa
curiosité ce couple mystérieux, trois coups de
bâton ébranlèrent la porte qui séparait le salon de l'atelier. Les deux battants s'ouvrirent
avec fracas, et on se précipita dans la vaste
salle.

Des gerbes de bougies placées, disposées,
suspendues, attachées, reflétées de toutes
parts par d'immenses glaces, jetaient dans
cette pièce une clarté éblouissante et venaient
scintiller sur une tenture où l'or et les ver-
roteries figuraient des animaux fantastiques
et des fleurs imaginaires. On avait rangé, en

face d'un immense rideau de damas écarlate,
tout ce que l'atelier contenait de fauteuils,
de bancs et de chaises gothiques, précieux
monuments de l'art, et dans la restauration
desquels le goût le disputait à la richesse.
Chacun se plaça de son mieux, les femmes
sur des siéges, les hommes debout, derrière
elles. Alors on fit silence, et un orchestre
composé de crecelles, de mirlitons, de trom-
pettes de bois et de jouets d'enfants, commença la fameuse symphonie bouffonne de
Haydn.

Cette fois, madame Van-Gastel partagea
l'ébahissement de son mari. Elle fut bien plus
surprise encore lorsque le rideau se leva, et
qu'on vit apparaître, sur une sorte de scène,
Peyraicave, couronné de roses et vêtu d'un
pantalon de tricot couleur de chair. Il portait

sur une tunique de gaze des ailes de papier
doré. Une baguette à la main, comme les fées
d'Opéra, il s'avança sur le bord de la scène,
en marchant sur la pointe des pieds, et commença une sorte de prologue mêlé de calem-
bourgs, de jeux de mots et de facéties, qui sou-
levaient dans l'auditoire des transports de rire
et d'applaudissements. Le bourgmestre et sa
femme ne comprenaient pas un seul mot de ce
jargon saugrenu où chaque parole et chaque
consonnance se présentaient défigurées par un
sens différent de leur signification réelle. Le
pandœmonium avec ses diables eût semblé
moins monstrueux aux deux étrangers. Jugez
de leur consternation et de leur abrutissement,
lorsque la sylphide Pèyraicave disparut et céda
la place à des personnages follement accoutrés,
qui se mirent à jouer, en charge, un mélodrame. Les décorations étaient figurées par
une feuille de papier grossièrement barbouil-

lée, sur laquelle on avait écrit : « Ceei est le
le salon ; la salle représente une forêt ; vous
êtes prié de vous croire en face d'une for-
teresse. »

Le tyran pouvait bien compter sept ans, et
s'efforçait de donner à sa voix enfantine quelque chose de menaçant. En revanche, l'héroïne de la pièce portait au milieu du visage
une longue barbe, comme celle que l'enchan-
teur Merlin avait donnée à Dulcinée du To-
boso dans la caverne de Montesinos. Jugez des
autres acteurs d'après ces deux-ci. C'était un
bouleversement complet de toute idée reçue,
un véritable chaos d'âges et de sexes ; la vrai-
semblance était prise à contrepied ; un cau-
chemar ne réunit pas plus d'absurdités et
d'incohérences.

La chose obtenait cependant un succès

complet et sans exemple; on bissait les couplets, on faisait répéter les lazzis, on rappelait les acteurs avec transport; quand le rideau s'abaissa. Il y eut une véritable ovation pour Peyraicave, que l'on entraîna, vêtu en sylphide, au milieu de l'atelier, et que l'on accabla d'éloges.

Le bourgmestre et sa femme avaient tout vu, sans rien comprendre. Ils sortirent de cet étrange spectacle, la tête brisée, les idées déconcertées et dans une véritable confusion. L'un et l'autre gardèrent le silence jusqu'au moment où ils se furent jetés dans leur voiture et qu'elle eût pris le chemin de l'hôtel Meurice.

— Eh bien ! demanda enfin menheyr Van-Gastel, d'une voix passablement ironique :

eh bien! que dites-vous, Trinkle, de la soirée que nous venons de passer? Qu'en pensez-vous, dites-le moi?

Dame Trinkle ne répondit point.

— Qu'en pensez-vous? insista son mari auquel il tardait de donner cours à l'indignation qui l'étouffait.

— Ce sont des mœurs bien différentes des nôtres.

— Oui, grâce à Dieu! s'écria le Hollandais, grâce Dieu! Comment des hommes, des chrétiens, des gens qui devraient avoir quelque respect pour leur talent et pour leur nom, peuvent-ils se vautrer à ce point dans une abjecte extravagance? J'aurais volontiers

battu , de ma canne, ce Peyraicave, cet imbécile qui ne rougissait pas de se montrer
accoutré comme le dernier des saltimban-
ques devant sa femme et son enfant...... Sa
femme et son enfant étaient là au milieu de
ces fous... Ils riaient des stupidités que dé-
bitait leur père! ses gambades les amusaient!
Par la sainte Bible! c'est à en perdre soi-
même la raison.

Tandis que menheyr Van-Gastel traitait
avec tant de rigueur les plaisirs de la soirée à
laquelle il avait assisté, et qu'il confondait dans
un semblable anathème leur grand ordonna-
teur Peyraicave, Anselme avait vu sortir tous
ses invités. Il était resté rêveur et pensif dans
l'atelier. Les domestiques s'étaient retirés ,
après avoir éteint les bougies. Une seule
lampe éclairait encore ces lieux naguère si

resplendissants de lumières; si pleins de
foule, si retentissants de bruit, et qui prenaient, maintenant, une profonde tristesse,
de leur gaieté de tout-à-l'heure. Le front ap-
puyé sur sa main, l'artiste resta longtemps
plongé dans un fauteuil. Tout-à-coup, il se
leva brusquement, comme s'il eût voulu se
soustraire à une pensée importune, prit la
lampe et se retira dans sa chambre à coucher.
Il se promena quelques instants, ému par une
agitation visible contre laquelle il luttait en
vain, leva les yeux vers un crucifix d'ivoire
suspendu à son chevet et essaya de formuler
une prière.

— Mon Dieu, murmura-t-il, mon Dieu,
écartez de moi les pressentiments funestes
qui m'obsèdent, faites qu'ils ne se réalisent
point! Frappez - moi, mais épargnez mon
enfant!

Cette prière terminée, il parut un peu plus calme, et il ouvrit une petite porte qui communiquait de sa chambre à une pièce voisine.

Rien ne saurait donner une idée de la recherche à la fois simple et somptueuse qui avait présidé à l'ameublement de cette pièce. Des étoffes de velours épinglé blanc couvraient les murs et se rehaussaient, vers le bord, d'une riche broderie en argent. De longs rideaux de même étoffe enveloppaient soigneusement les fenêtres et retombaient, en vastes draperies autour du lit blanc, comme les meubles et comme les tentures; enfin un riche manteau d'hermine servait de couverture, un tapis de fourrure s'étendait sur le parquet et des ornements argentés entouraient les glaces.

La tête de Marianne se détachait en sil

houette rose, au milieu des oreillers tout
chargés de dentelles, sur lesquelles elle reposait. Anselme approcha la lampe, pour
mieux voir ce doux et bien-aimé visage. Des
larmes coulèrent sur ses joues, et il s'age-
nouilla, les mains jointes, pour répéter la
prière qu'il venait tout-à-l'heure d'adresser à
Dieu. Quand il se releva, son cœur avait retrouvé un peu de calme, et il lui sembla que
la main funeste qui étendait son ombre sur sa
destinée, commençait à se retirer loin de lui.

Anselme se pencha de nouveau sur sa fille,
pour la regarder encore une fois, sortit doucement et avec précaution, de la petite chambre blanche et rentra chez lui. Le sommeil
cependant ne vint point lui apporter le repos.
Une fièvre légère harcelait son cerveau et causait de l'agitation à toute sa personne. Pour

se soustraire à ce malaise et détourner son imagination des pensées qui le causaient sans doute, il prit les journaux du soir qu'on avait placés, comme de coutume, sur sa table : il les décacheta machinalement et les parcourut des yeux avec une nonchalance distraite. Tout-à-coup, une exclamation lui échappa et il relut avec agitation quelques lignes rencontrées par ses regards.

— Mon Dieu, dit-il, mon Dieu! votre miséricorde consentirait-elle enfin à ramener dans mon ame la paix et le bonheur ? Enfin, je pourrai ne plus cacher comme un opprobre ce qui devrait faire mon orgueil et ma gloire! Enfin, mes remords se changeraient en bonheur, mon odieuse contrainte en liberté, et mes craintes incessantes en joie! Mon Dieu, merci! vous avez pitié de moi.

En ce moment, on frappa doucement deux coups précipités à la porte extérieure de son appartement, qui ouvrait sur un escalier de service. Il courut ouvrir avec empressement. Une femme, le visage enveloppé dans les plis d'un voile, entra précipitamment et tomba, presque évanouie, dans un fauteuil; elle voulut parler, les sanglots qui l'étouffaient ne le lui permirent point.

Anselme vint s'agenouiller à ses pieds.

— Je sais tout, mon amie, je sais tout; ces journaux me l'ont appris : nos maux vont finir; car Dieu n'a point voulu nous mettre en face d'une telle espérance pour la briser ensuite à nos yeux.

Il la débarrassa de son chapeau et de son

voile, et resta consterné de la pâleur mortelle et du désordre convulsif qui régnaient dans les traits de cette femme; elle tenta de parler de nouveau sans pouvoir proférer les mots que balbutiaient ses lèvres.

— Nous sommes perdus! bégaya-t-elle enfin d'une voix mourante et saccadée. Nous sommes perdus! perdus!

— Perdus! répéta Anselme avec épouvante.

— Perdus! perdus! Sans espoir! A toujours!

Et elle tomba expirante dans les bras de l'artiste.

C'était un spectacle horrible que de voir

cette malheureuse femme lutter avec les convulsions du désespoir, sans trouver la force de
les surmonter. Ses dents s'entre-choquaient :
sa poitrine étouffée jetait un râle sinistre ;
ses yeux sanglants avaient le regard fixe et
terrible que donne le délire à ceux qu'il
frappe. A la fin, elle tira de son sein une
lettre et la laissa tomber aux pieds d'Anselme,
qui la ramassa et qui la lut :

« Madame, je suis arrivé ce matin au
Havre sous un nom supposé. Si vous voulez
me convaincre que les délations qu'on m'a
écrites de France, sur vous, sont des calom-
nies, partez à l'instant, — sur l'heure, —
pour le Havre. Un bâtiment qui doit mettre
à la voile, dès que j'en donnerai l'ordre, vous
ramenera avec moi à Batavia. La moindre hésitation de votre part me prouverait que les

délateurs ont raison. S'il en était ainsi, malheur aux coupables! Vous me connaissez, je
suis Corse! Quant à votre voyage et à votre
départ subit, j'ai eu soin de les motiver et de
les justifier. Les journaux de Paris auront
annoncé, quand vous recevrez cette lettre,
qu'une maladie de languéur vient de me frapper au Mexique et menace ma vie. Je vous
attends donc au Havre. Si vous n'arrivez pas,
je partirai pour Paris.

« ANTOINE, COMTE DE SAN PIETRI ».

— Il faut fuir à l'instant! dit Anselme,
Nous prendrons un nom supposé; nous gagne-
rons l'Italie. Nous nous réfugierons plus loin
encore s'il le faut! Viens, viens, Marguerite!

— Cela n'est pas possible, vous le savez

bien, murmura-t-elle de sa voix mourante.

— Oui! reprit-il avec amertume. Oui, le monde, ses devoirs, son estime, il faut les respecter, n'est-ce pas?

Elle fit un effort pour se relever et parvint à se placer dans un fauteuil.

— Ecoutez-moi, Anselme, dit elle, en luttant contre son affreuse agitation; écoutez-moi : les instants sont précieux! Chacune de nos minutes est comptée. Nous n'aurions pas fui d'un jour, que le comte nous atteindrait. Vous le savez, il ne pardonne jamais et ses vengeances sont implacables.

— Eh bien! je l'attendrai; je me battrai avec lui!

— S'il succombe, son sang s'élèvera entre vous et moi; son sang retombera sur une tête innocente! et si vous succombez, Anselme, car le comte est un adversaire redoutable, si vous succombez... Marianne...

Elle fut saisie par une nouvelle défaillance.

Longtemps Anselme fit d'inutiles efforts pour la rappeler à la vie. C'était quelque chose de terrible que le silence profond et absolu qui se faisait parfois autour du malheureux artiste, quand un spasme de quelque durée, étouffait, tout-à-coup et complètement, la respiration inégale et violente de la comtesse. On n'entendait alors que le murmure sinistre de la pendule, dont le balancier marquait chaque seconde qui s'écoulait. Pendant une de ces sinistres intermittences, où la mort semblait entourer Marguerite de ses étreintes glacées, le timbre de la pendule retentit et sonna une heure du matin. L'agonisante, à ce bruit, tressaillit comme un cadavre sous l'impulsion de la pile galvanique; elle se releva par un effort surhumain, rassembla sur son front les cheveux épars qui couvraient ses épaules, et que les convulsions avaient dénoués; elle ouvrit la porte conduisant dans la chambre de la jeune fille, se précipita vers le lit, entr'ouvrit les rideaux, et attacha sur Marianne un regard à la fois plein de tendresse et de désespoir.

Marianne s'éveilla en ce moment et tendit les bras à la comtesse.

— Oh! c'est très-bien à vous, mon amie, de venir me souhaiter ainsi ma fête, dit-elle en souriant. Maintenant rien ne manque à ma joie. Donnez-moi vos fleurs, chère marraine; je veux les placer là, devant moi, pour les baiser, demain matin, à mon réveil.

Anselme était allé fermer au verrou la porte qui menait chez la gouvernante de la jeune fille : il s'approcha ensuite du lit, devant lequel la comtesse se tenait debout et comme pétrifiée.

— Mon Dieu, s'écria Marianne, d'où vous vient, mon père, cette pâleur et ce désespoir? Et vous aussi, marraine, des larmes coulent sur vos joues!

La comtesse tomba, plutôt qu'elle ne s'assit sur la couche de Marianne. Elle prit celle-ci dans ses bras, la serra contre sa poitrine avec violence, et la couvrit de pleurs et de baisers.

La vieille horloge fit entendre la petite sonnerie qui annonçait le quart après une heure.

Un gémissement sortit de la poitrine brisée de la comtesse, qui semblait avoir tout oublié, au milieu des caresses passionnées qu'elle prodiguait à Marianne, et qu'elle en recevait. Ainsi que tout-à-l'heure, le son de l'horloge la tira de ces extases pleines d'un bonheur douloureux. Elle jeta un cri, et se rapprochant encore davantage de Marianne, comme si on eût voulu l'arracher de ses bras :

— Mon enfant, dit-elle d'une voix faible mais grave, mon enfant, Dieu va nous séparer pour longtemps! pour toujours peut-être!

Un froid mortel frappa Marianne, et elle laissa tomber sa tête défaillante sur l'épaule de la comtesse.

Celle-ci reprit :

— Avant que cette funeste séparation ne s'accomplisse, chère Marianne, il faut que je te révèle un secret fatal, et que je voulais t'apprendre seulement le jour de ton mariage avec un homme digne de ton amour..... Je suis ta mère !

Marianne prit les mains de la comtesse et les couvrit de baisers.

— Mon cœur me l'avait appris depuis longtemps, murmura-t-elle.

— Je suis ta mère, mon enfant. — ma fille !
reprit la comtesse... — Et il faut que je cache
ce bonheur à tous les regards ! Je suis ta
mère et il faut que je me sépare de toi pour
toujours ! Je ne puis désormais entendre ta
douce voix, recevoir tes caresses, veiller sur
toi, t'entourer de mon amour !... Je pars.
Peut-être n'entendrai-je jamais prononcer ton
nom ? peut-être la vieillesse m'atteindra-t-elle
sans que j'aie appris si tu es heureuse... si tu
vis encore... Et cet affreux châtiment, ces
douleurs sans nom, ces désespoirs que des
paroles humaines ne sauraient exprimer, Marianne, je les ai mérités !... je suis coupable !
J'ai méconnu mes devoirs : je subis les conséquences et la punition de ma faute !!.. Oh !
Marianne, Marianne, n'oublie jamais cette
nuit terrible, cette nuit où une mère en pleurs
est venue, pour la première fois, pour la dernière, peut-être, hélas ! te donner le doux

nom de fille. Que de fois dans nos furtives entrevues, toujours achetées aux prix d'un péril, toujours entourées de dangers, ce nom a failli s'échapper de mes lèvres. Il me fallait le cacher à toi comme aux autres. L'avouer, c'était m'exposer à ton mépris. Oh! ne me méprise pas, Marianne! Des souffrances telles que j'en éprouve, deviennent, à force de violence, dignes de compassion et de respect!

— Ma mère! ma sainte mère! interrompit Marianne : ma mère, oh! laisse-moi voir ton visage, laisse-moi contempler tes traits. Tu me sembles encore plus belle depuis que je sais que tu es ma mère! Viens, viens plus près de moi encore. Je veux t'embrasser. Appuie sur mon épaule ton pauvre front qui brûle! Tes mains dans les miennes, mère!

Un gémissement sortit de la poitrine d'Anselme, agenouillé devant les deux pauvres femmes.

— Toi aussi, père, toi aussi, viens près de moi! Laissez-moi vous réunir tous les deux sur mon cœur. Oh! j'aurais payé de ma vie cet heureux moment. Si vous saviez quelle tendresse immense je portais à ma mère inconnue. Inconnue? Non! On avait beau me dire que ma mère était morte, une voix secrète m'apprenait qu'un jour je la presserais dans mes bras comme je la presse en ce moment; qu'un jour je lui dirais comme à cette heure : Ma mère! ma mère!

— Écoute, Marianne, écoute, ma fille, interrompit la comtesse, dont le regard s'était

porté avec effroi sur la pendule : écoute! Il
faut nous arracher à cette ivresse. Il faut
que je remplisse près de toi un cruel devoir!
Il faut, mon enfant, que ta mère rougisse sous
tes yeux. Cette humiliation d'une femme coupable, devant ta pureté angélique, sera une
leçon qui te sauvera du péril auquel j'ai suc-
combé. Ma fille, il faut que je te protége, en
ce moment, par mes aveux, pour tout le reste
de ta vie.

Il se fit un moment de silence. La comtesse
hésitait à commencer ses confidences terribles. Anselme cachait son visage dans ses
mains.

— J'avais seize ans comme toi, et j'étais
orpheline depuis l'âge de trois ans, Marianne,
dit enfin la comtesse, en s'armant d'une réso-

lution désespérée. Un matin, la duchesse de Néris, ma tante et ma tutrice, vint m'annoncer qu'elle avait conclu mon mariage avec le comte de San-Pietri. Cette nouvelle me frappa au cœur, comme l'eût fait un coup de poignard. Depuis un an, ma fille, j'aimais un jeune homme, un artiste déjà célèbre. Dans mon amour insensé, je m'étais flattée qu'à force de gloire, il obligerait ma famille à consentir à notre union. Une vague allusion de ma tante à mes pensées secrètes, quand mes sanglots répondirent aux ordres qu'elle m'intimait, m'apprirent combien mes espérances avaient été folles!... Anselme, éperdu de douleur, sut bientôt la fatale nouvelle. Il se jeta aux pieds de ma tante; elle le repoussa! Je la suppliai de ne pas me condamner au malheur d'épouser un homme que je n'aimais point et que je connaissais à peine; elle me répondit par un sourire de mépris.... Oh! si j'avais eu une

mère, elle eût pris pitié de mon désespoir!...
J'avais seize ans, t'ai-je dit ; personne ne
protégeait l'orpheline. Les efforts qu'Anselme
fit pour me voir, ou pour me faire parvenir
des lettres, restèrent inutiles, grâce à la
surveillance de ma tante... Qu'ajouterai-je ?
après six mois de lutte, de résistance et
de désespoir, il me fallut succomber ! J'é-
pousai le comte de San-Pietri, et je partis
avec lui pour Batavia. Le comte est un homme
sévère, et dont l'inflexible droiture ne connaît
ni la compassion ni l'indulgence. Rude envers
lui-même, il manque de douceur pour les autres. Je cherchai à remplir, en chrétienne, les
devoirs que m'imposait mon titre d'épouse.
Hélas ! mes efforts inutiles ne purent jamais
étouffer les souvenirs de mon cœur blessé. Le
comte ne s'aperçut point de ma tristesse profonde, ou du moins il n'en soupçonna pas la
cause.

Deux années s'écoulèrent ainsi. Des affaires importantes, le soin de recueillir l'héritage de la duchesse de Néris, ma tante, rappelèrent alors en France M. de San-Pietri. Il me ramena avec lui à Paris. Pendant une année, j'y vécus aussi solitaire que me le permit le comte. Il exigeait souvent, néanmoins, que je l'accompagnasse dans le monde. Un soir, ce que tour-à-tour je redoutais et je désirais ardemment, arriva. La fatalité me réunit à Anselme. Il n'avait jamais cessé de m'aimer; rien n'avait pu le guérir de son funeste amour; ni les voyages, ni les consolations de l'art, ni l'absence! Je le suppliai d'éviter les salons où il pourrait me rencontrer; je lui demandai, comme une grâce, de quitter Paris, jusqu'à mon départ, qui ne pouvait être éloigné. Il me le promit; mais bientôt une force insurmontable le fit manquer à sa parole et le ramena près de moi. Je luttai courageusement

contre son amour et contre le mien. Je savais
que des troubles survenus à Batavia rappe-
laient impérieusement M. de San-Pietri dans
ces contrées lointaines, et je comptais sur l'absence pour ne point succomber. Le comte me
déclara, un soir, que je ne l'accompagnerais
point dans un voyage où trop de périls m'en-
toureraient ! — La place d'une femme, me
dit-il, n'est point au milieu des agitations d'un
pays en proie à la guerre civile. Vous resterez
en France, à Paris, chez mon frère, jusqu'au
moment où la pacification intérieure de Batavia me permettra de vous rappeler près de
moi..... Mes supplications, mes larmes ne
purent le faire changer de résolution. Il partit
seul et me laissa à Paris.

Deux années après son départ, une pauvre
enfant naissait, condamnée, dès le jour de sa

naissance, à se séparer de sa mère. Par un miracle du ciel, par une protection inouïe de la Providence, personne n'avait deviné, ni soupçonné ce secret : il y allait de la vie ou de la mort. Six mois après ta naissance, ma fille, le comte de San-Pietri me rappela à Batavia. Je partis, laissant près de toi mon ame entière. Au prix de mille périls, et en exposant, chaque fois, mon existence et ma réputation, je recevais, à de longs intervalles, des lettres d'Anselme qui me parlaient de toi ; je passais mes jours et mes nuits à les relire et à en attendre de nouvelles. Je ne pus résister longtemps à ces violentes émotions et aux douleurs d'une absence qui me séparait de toi. Je tombai malade. Peu à peu mon état devint si grave, que les médecins, impuissants à me guérir, déclarèrent, — juge de mon bonheur ! — que l'air natal seul pouvait me sauver.

Le comte n'hésita point et prit toutes les
dispositions nécessaires pour que je pusse revoir promptement la France. Ses devoirs de
consul et les difficultés des événements qui
se passaient à Batavia ne lui permettaient point
de m'accompagner. Je partis, Marianne, et je
te revis, ma fille ! Après sept années de séparation, Dieu me rendit mon enfant. Mon éloignement de toi était mon seul mal : aussi, bientôt retrouvai-je complétement la santé. Il me
fallut cacher avec soin cette guérison ; il me
fallut feindre des souffrances que je n'éprou-
vais plus... un ordre de départ serait venu
nous séparer encore ! Grâce à ces ruses, je
possédais autant de bonheur que peut en laisser le repentir. Je pouvais te voir souvent, te
presser dans mes bras, entendre ta voix ché-
rie, t'aimer et être aimée de toi ! La prudence,
cette prudence de laquelle dépendait tout mon
bonheur, m'interdisait de te voir chaque jour.

Mais que de fois je t'ai suivie, de loin, à la promenade, sans que tu me visses, sans que tu pusses soupçonner que j'étais là, heureuse de t'apercevoir, courant, jouant, et animée par les joies des jeux.

Aujourd'hui, tout est fini, ma fille! Mon bonheur est perdu à jamais. Il faut nous séparer pour toujours. Marianne : l'époux que j'ai offensé et qui connait ma faute, me laisse la vie. Le chagrin accomplira bientôt le meurtre devant lequel a reculé mon juge. Heureusement, Dieu a laissé ignorer ta naissance au comte. Marianne, ma fille, dis-moi que tu pardonnes à ta mère la fatalité de cette naissance! Dis-moi que tu ne la maudis point; promets-moi que tu prieras Dieu pour elle.

Marianne ne répondit à sa mère qu'en la pressant avec passion dans ses bras.

La pendule sonna deux heures ; la comtesse s'arracha aux caresses de sa fille, tendit la main à Anselme, et s'enfuit. Anselme éperdu, courut à sa fille : elle était évanouie.

La tendresse paternelle, quelle que soit la puissance des autres sentiments qu'on éprouve, l'emporte toujours sur ceux-ci ; la splendeur du soleil, ne détruit pas la lumière des autres astres, mais elle l'éclipse et la confond avec elle-même. Séparé de la femme qu'il aimait éperduement depuis tant d'années, et qui avait décidé du sort de sa vie entière, Anselme souffrait de cette séparation, surtout par le désespoir qu'elle causait à sa fille. Une abnégation instinctive portait toute l'irritation de sa douleur sur une seule pensée : Marianne ! Marianne était là, sous ses yeux, mourante, brisée par les convulsions, et passant tour-à-tour d'effrayants spasmes à une immobilité plus effrayante encore. Anselme n'osait appeler à son secours la gouvernante de sa fille; il craignait que celle-ci, dans son agitation et dans son délire, ne trahît le fatal secret dont elle venait de recevoir la confidence. Les souffrances de la jeune fille prirent, peu à peu, un caractère moins violent; des larmes abondantes la soulagèrent, et elle finit par s'endormir, la tête doucement appuyée sur l'épaule de son père.

Pendant que tant de trouble emplissant d'amertume et de malheur la maison d'Anselme, un calme profond et une paix silencieuse régnaient au logis de Peyraicave. A sept heures du matin, aucun mouvement n'avait encore agité les longs rideaux qui enveloppaient, de leurs chastes plis, la couche conju-

gale sur laquelle reposaient le joyeux artiste
et sa femme. A la fin, ces rideaux s'entr'ouvrirent et livrèrent passage au front chauve et
à la physionomie sereine du peintre. Tandis
qu'il se couvrait de sa robe de chambre et qu'il
fourrait ses pieds dans une paire de pantoufles
brodées par sa femme, on aurait pu observer
que les traits de cet infatigable facétieux,
étaient calmes et presque nobles. Une jeune
fille de cinq à six ans vint lui sauter au cou,
dès qu'elle entendit son père se diriger vers
l'atelier, et une grosse cuisinière s'empressa
d'apporter et de dresser, en face du chevalet
de son maître, un déjeûner auquel ce dernier
fit honneur immédiatement, non sans remer-
cier, par quelques joyeux propos, les soins
que la bonne fille avait mis à préparer ce repas matinal. Le déjeûner terminé, Peyraicave
se plaça devant son chevalet, apprêta ses pa-
lettes, prit ses pinceaux et se mit à l'œuvre.

Peyraicave n'était pas un peintre de premier ordre. Pour un artiste, se marier jeune, c'est renoncer en quelque sorte à une grande fortune et à une grande renommée. Autant vaudrait s'enchaîner les pieds pour lutter à la course. Les devoirs et les émotions de la famille amortissent l'ardeur de la vocation et l'absorbent à leur profit, tandis qu'elles répriment l'audace et l'insouciance personnelle, premiers éléments de la lutte. Pour réussir, il faut oser; on ne doit jamais porter ses regards en arrière ni autour de soi; les yeux fixés sur le but, on marche en avant, sans s'inquiéter des précipices et des dangers du chemin. Seul, un homme se rit de ces dangers; avec une femme et des enfants il s'inquiète dès la première difficulté et se soumet, en pleurant, lorsqu'un obstacle redoutable dresse devant lui ses périls. Telle avait été l'histoire de Peyraicave. Amoureux d'une jeune fille, sans fortune, il l'avait épousée au moment où il commençait à prendre rang parmi les peintres en réputation. Le bonheur entra chez lui avec l'amour, mais la fortune en sortit pour n'y plus rentrer. Ce fut une douce médiocrité qui prit à jamais possession de ce joli nid, dont la couvée augmentait, chaque année, les joies et les besoins d'argent de l'heureux Peyraicave; madame redoublait d'économie et lui de travail : les tableaux qu'il produisait ne valaient guère mieux que ceux qu'il avait peints dix années auparavant, mais on y retrouvait la même facilité, la même grâce, et cette bonhomie malicieuse qui leur donnaient une véritable valeur. La gaieté est, dans les arts, une qualité rare, et à laquelle on n'atteint pas souvent. On fait pleurer plus facilement qu'on ne fait rire. Or, quoique Peyraicave produisît, chaque année, vingt petits tableaux comiques, ils obtenaient toujours le même succès au Salon et parmi les amateurs. Les puristes haussaient les épaules devant ces œuvres faciles et bouffonnes, mais ils n'exprimaient pas tout haut leur dédain; Peyraicave, quoiqu'on ne citât de lui aucun acte de vengeance, savait se faire redouter, de temps à autre, par quelque boutade bien hardie et bien vive. Du reste, obligeant et bon camarade, il utilisait, pour lui et pour les autres, le crédit que sa joyeuse humeur lui valait près de la plupart des personnages puissants. Il gardait avec ces derniers, son franc-parler et son spirituel bavardage, insinuait à propos un bon conseil, et s'entendait à conduire une affaire mieux qu'on ne le pensait généralement. On ne se tenait point en garde contre le savoir-faire de ce gros bonhomme qui semblait ne vivre que pour rire et pour faire rire, et on restait parfois tout étonné de le voir arrriver là où n'auraient point su atteindre d'autres réputés habiles et audacieux.

Madame Peyraïcave accompagnait rarement son mari dans le monde. Comme elle l'avait fait pour ses deux garçons, elle se dévouait en silence à l'éducation de sa fille; car Dieu, après vingt ans d'union, avait accordé une fille à cet heureux ménage.

Quoiqu'elle eût été mère de trois enfants, madame Peyraicave conservait encore, à trente-huit ans, la fraîcheur et l'éclat de la jeunesse. Quand, le dimanche, elle donnait le bras à l'un de ses fils, revêtu de l'uniforme de l'école Polytechnique, elle semblait plutôt sa sœur que sa mère. Jamais aucun nuage n'avait troublé cet heureux intérieur, et la tendresse des deux époux, pour avoir subi les

transformations par lesquelles le mariage modifie l'amour, n'avait rien perdu de sa vivacité. Quand Peyraicave racontait, en gogue-
nardant, devant Catherine et pour la taqui-
ner, ses bonnes fortunes vraies ou supposées,
elle haussait, mutinement et d'un air d'incré-
dulité passablement fat, son épaule blanche
et sa main charmante qui semblaient justifier ses dénégations. Du reste, madame Peyraicave, comme son mari, ne prenait pas la
vie du côté mélancolique; elle ne se décourageait point quand la veine devenait difficile,
et faisait sa provende dans le bon temps, afin
de tenir tête aux chances mauvaises.

Jamais, même pendant les épreuves les plus
pénibles, les dettes n'avaient pénétré dans son
ménage. Jamais la pauvreté n'avait altéré la
pureté de la collerette éclatante de blancheur

dont Catherine entourait son cou, et qu'elle renouvelait, chaque matin, avec coquetterie. Elle s'ingéniait à émousser pour son mari les aiguillons de la nécessité, ne lui laissait jamais sentir les privations de la gêne, lui montrait toujours l'azur derrière les nuages, et savait donner aux choses les plus graves une tournure plaisante et une face déridée. La source de la belle humeur de Peyraicave était dans la bonté de sa femme. Il n'aurait pu vivre deux mois sans la voir; elle lui manquait dès qu'il s'en éloignait un moment. Quand il devait entreprendre un voyage, il l'emmenait avec lui, ou bien il lui écrivait, chaque jour, de ces longues lettres dont les lignes serrées et les immenses pages étonnent et font sourire ceux qui n'aiment point.

Dès huit heures et demie, l'artiste commençait à sentir le besoin de voir arriver sa femme. Déjà, il regardait impatiemment la pendule, lorsque la porte s'ouvrit et montra madame Peyraicave dans un déshabillé simple et charmant. Elle tenait par la main sa petite fille Claire, qui s'évertuait à barbouiller de confitures un joli minois que sa mère avait déjà baigné d'eau fraîche, deux fois depuis le matin.

Madame Peyraicave s'assit près de son mari, et plaça sa fille sur ses genoux, tandis que l'artiste lui rappelait, avec sa verve ordinaire, la soirée de la veille, les succès qu'il avait obtenus dans son costume de sylphide, et les observations qu'il avait recueillies du fond de la coulisse.

Pour faire ce récit à sa femme, Peyraicave ne mettait pas en œuvre moins de coquetterie qu'il n'en eût déployée pour une étrangère. Plus d'une fois, madame Peyraicave l'interrompit par ses éclats de rire.

Après avoir épuisé la description de sa parodie, l'artiste, sans perdre pour cela un coup de pinceau, aborda les petits incidents et les malicieux bavardages de la soirée : les attentions du bel Ernest de Mandelle pour la pupille du docteur ne pouvaient, ainsi que la surveillance inquiète de ce dernier, manquer de trouver place dans une jaserie où, il faut bien le dire, la charité chrétienne n'était pas la vertu la mieux pratiquée. Peyraicave se donna beau jeu sur les maladies imaginaires de cet Argant aux formes athlétiques, n'épargna ses prétentions sur la pupille de Kreischmann, et mima d'une façon bouffonne le regard inquiet sous lequel le docteur couvait Blanche.

Madame Peyraicave ne céda point sa part de cette curée sur le prochain ; elle amplifia de son côté sur la jalousie du docteur, sur la manie hypocondriaque de Mandelle et sur la lutte engagée entre l'amoureux et le tuteur.

— Mais d'où vient donc l'origine de la fortune de ce jeune homme ? demanda madame Peyraicave. Appartient-il, comme il le laisse croire à une famille d'ancienne noblesse.

— Le véritable nom d'Ernest de Mandelle, est Ernest Verduron ? Veux-tu que je te dise l'histoire de son père ? Anselme me l'a apprise hier soir ; il la tenait d'un de ses amis, le notaire Boisdurand.

— Conte-moi vite cette histoire, répondit avec un grand empressement, madame Peyraicave.

— Écoute-donc, la voici :

Pour visiter des lieux inconnus et pour étudier des mœurs étrangères, il n'est pas de nécessité qu'un Parisien monte sur un bâtiment à trois mâts, se résigne aux ennuis d'une traversée et s'assujétisse aux fatigues d'un voyage de long cours. Un navire l'attend, qui met à la voile de dix minutes en dix minutes : chargé de passagers, il le conduira vers des régions aussi nouvelles, pour beaucoup d'habitants de la Chaussée-d'Antin ou du faubourg Saint-Germain que le seraient les savanes de l'Amérique ou les plages du Congo. Ce navire, c'est l'omnibus; ces régions, c'est le Jardin-des-Plantes, la barrière d'Enfer, le faubourg Saint-Antoine, le quartier du Temple et cent autres.

Et pour procéder avec méthode, ne pense

pas que l'intérêt commence seulement alors que le voyageur prend terre : ne crois pas que la traversée soit monotone et insignifiante. Non; chaque voiture à trente centimes, présente une physionomie particulière et caractéristique. De la Villette à la barrière d'Enfer, on fait route avec de gros hommes qui parlent vins et transports, tandis que, près de ces négociants, viennent s'asseoir des ouvriers et des femmes qui portent en eux je ne sais quoi de campagnard. Au contraire, la voiture qui mène de la barrière Blanche à l'Odéon ne conduit guère que des artistes ou des personnes assez heureuses pour posséder cette *mediocritas aurea* sur laquelle Horace édifiait son *Hoc erat in votis*. La plupart des hommes portent à leur boutonnière le ruban de la Légion-d'Honneur; on trouve dans la toilette des femmes une élégance, une distinction qui consistent bien plus dans la manière de disposer les étoffes que dans la valeur des étoffes elles-mêmes ; enfin, la voiture dont je te parle ressemble à un salon où l'on se reconnaît, où l'on se parle, où l'on échange des politesses, tandis que dans les autres omnibus, celui de Montmartre aux Gobelins, par exemple, on se presse et l'on se coudoie sans égard.

Quelques-uns de ces différents caractères se retrouvent dans les omnibus qui conduisent de la barrière du Roule à la Bastille. Jusqu'à Tortoni, on rencontre un mélange d'habitants de la barrière et d'artistes à qui leurs occupations journalières ne permettent pas d'aller chercher la campagne plus loin que les Ternes ou le bois de Boulogne. Le passage de l'Opéra, les rues Laffitte, du Helder, Taitbout et Grange-Batelière fournissent des voyageurs fashionables qui descendent ordinairement vers la Porte-Saint-Martin, et cèdent la place à des ouvriers et à des gens du peuple. A mesure que l'omnibus continue sa route, cette nouvelle population augmente et prend un aspect plus rude; si bien qu'arrivé au faubourg Saint-Antoine, il ne descend de la voiture que des gens en blouses ou des femmes en bonnets et chargées de paniers.

Aussi, je ne veux point te laisser aller jusque-là. Dis au conducteur d'arrêter en face des petits théâtres, dont le groupe réunit le Cirque, les Folies-Dramatiques, la Gaîté, les Funambules, le théâtre Saqui et le Petit-Lazary. Descends : te voici devant le passage Vendôme.

Pour commencer, dis-moi si jamais les

tristes résultats d'une spéculation avortée ont apparu d'une manière plus patente. Des professions manuelles et qui n'ont aucun besoin de se loger dans un lieu mis sans cesse en contact avec les passants occupent la plupart des arcades. Une blanchisseuse de fin en possède deux à elle seule. Les volets de plusieurs boutiques restent fermés. Ici, des bandes de papiers soutiennent les vitres à demi brisées; là, on a substitué des planches grossières aux pilastres de marbre qui devraient briller le long des murs; le silence profond que l'on remarque le soir dans les églises solitaires règne dans cette galerie; enfin, comme sous les voûtes saintes, les échos répètent le grincement des pas qui, de temps à autre, viennent glisser sur les dalles de marbre.

Qu'une telle solitude ne te décourage

pas cependant; elle précède un quartier où règnent avant tout l'activité, le commerce et la foule. Traverse donc cette nef glaciale; dirige-toi à travers la rue Dupuis, et regarde. Tu te trouves entre deux bazars immenses : l'un, vaste rotonde de pierres, contient pour plus de deux millions de marchandises; l'autre, sorte de hangar à claire-voie, ne renferme pas des valeurs moins considérables. Dans le premier, demeure l'aristocratie d'un commerce tout particulier, dans l'autre la plèbe du même commerce.

Ces deux hangars se nomment le *Temple*; ce commerce consiste dans l'achat et la vente de tout Paris. Il faut infailliblement que viennent au Temple, soit par vente après décès, soit parce que leurs maîtres se sont lassés de s'en servir, les meubles, les habits, les chaussures, et jusqu'au linge de tout habitant de Paris. C'est une loi à laquelle il ne peut se soustraire, qu'il possède des millions ou qu'il vive au jour le jour; qu'il habite un hôtel ou qu'un escalier raide et de cent marches conduise à sa pauvre mansarde. La robe de bal, si fraîche, si voluptueuse, qui laissait à demi nues les épaules blanches et frissonnantes de la jeune femme d'un ministre, append à côté du jupon grossier de la marchande des rues; l'épée d'un amiral se croise avec le poignard de ferblanc qu'un tragédien de province a vendu dans un jour de misère : on peut reconnaître, avec un peu d'attention, le canapé qui meublait naguère le boudoir d'une actrice célèbre; et voici mon propre habit qui, des épaules de mon valet de chambre, a passé sur le porte-manteau d'un fripier, où il s'agite au moindre vent. Le cœur se serre devant ces catacombes de chiffons qni parlent du néant, aussi haut qùe pourraient le faire les ossements d'un héros : *vains restes de ce qui n'est plus*, comme dit Bossuet.

Quoi qu'il en soit, nulle part, plus qu'au Temple, on ne témoigne une si grande âpreté à la vente; nulle part on ne met en œuvre plus de persévérance pour faire mordre à l'achat le promeneur. Dès qu'il paraît, un feu de file de voix forme sur son passage une arque-busade bien nourrie de questions, et dans laquelle chaque interlocutrice énumère les objets qu'elle juge pouvoir convenir au sur-venant.

— Voulez-vous un joli bonnet, une robe toute neuve, mademoiselle?

— Allons, mon brave, vous cherchez une

paire de souliers ! j'ai ce qu'il vous faut ! So-
lides comme du fer ! /

— Monsieur veut-il des rideaux de soie ?
j'en ai de magnifiques en gros de Tours, en
damas, en étoffe de laine. Préférez-vous de
la crépine ? est-ce des armures ? est-ce des
tapisseries ? j'ai de tout cela.

Si l'on reconnaît dans l'étranger, non pas
un acheteur, mais un oisif ou un curieux qui
flâne, alors les épigrammes et les facéties
pleuvent de toutes parts.

— Ce monsieur veut-il des chemises ? tout
ce qu'il y a de plus beau pour 1 fr. 50 c. ?

— Vous faut-il un habit ? le vôtre est bien
usé.

— Ne vois-tu pas que ce monsieur désire un chapeau? le sien ressemble à la coiffure de Robert Macaire.

— Ce sont des bottes, car il marche sur les escarpins du père Adam.

Chacune de ces attaques provoque l'hilarité des marchandes..... Et il ne faudrait pas s'en fâcher, car alors des huées, des cris et peut-être des voies de fait, accueilleraient votre colère. Le mieux est de rire avec elles ou de continuer sa promenade sans avoir l'air de les entendre.

Les boutiques du Temple s'alimentent en grande partie par les marchands de vieux habits qui parcourent les différents quartiers, et dont les voix criardes troublent de si grand matin le repos des citoyens attardés dans leur sommeil; ils choisissent ce moment, parce que, d'ordinaire, personne n'est encore sorti de chez soi. Le nez au vent, l'œil aux aguets, l'oreille attentive, ils épient le moindre grincement de fenêtre qui s'ouvre. Dès que ce bruit se fait entendre, dès qu'une personne se montre, aussitôt les marchands se plantent là, en face, répètent leurs cris, chantent : *Vieux habits, vieux galons! Avez-vous de vieux habits à vendre?* et n'épargnent ni les signes de tête, ni même les questions directes. Si vous les autorisez à monter, ils sont chez vous en un clin d'œil : en mettant le pied sur le carré, ils ont déjà vu l'objet que vous voulez vendre; ils l'ont déjà estimé à sa valeur précise. Cependant ils le déploient longuement, ils l'examinent avec scrupule et font une longue énumération des parties défectueuses qu'ils y trouvent : « le drap est

« usé sans ressource; la doublure ne vaut
« plus rien, la pluie a gâté ce velours, et
« voici des traces lamentables laissées par les
« mites. »

Après avoir déprécié de la sorte les objets
proposés à leurs enchères, ils mésoffrent sur
le prix modique que vous demandez; enfin,
après des contestations où ils ne négligent rien
pour lasser la patience, ils emportent victo-
rieusement la défroque en la payant, au plus,
le quart de sa valeur réelle.

À deux heures, vous retrouverez tous ces
marchands au Temple : les uns, commis-
voyageurs des fripiers à domicile, rapportent
à leurs patrons ce qu'ils ont recueilli dans
leurs courses; les autres, courtiers intelli-
gents, revendent avec bénéfice ce qu'ils ont
acheté.

Une fois chez les fripiers, toutes ces guenilles acquièrent une valeur nouvelle, grâce
aux préparations qu'on leur fait subir. On
enlève les taches du drap, on nettoie et l'on
donne du lustre aux soieries; le vieux chapeau retapé devient brillant et solide, et de
deux habits défectueux on en fabrique un
neuf; surtout, il n'est point d'artiste en mo-
saïque qui puisse lutter de patience et d'a-
dresse avec l'art d'un rajusteur de tapis, ou
avec l'industrieuse persévérance d'une rac-
commodeuse de dentelle.

Ainsi transmuée, ces matières sans valeur
se vendent cent fois ce qu'elles ont coûté et
retournent même parfois aux mains de leurs
premiers propriétaires. Tel bouquet de plumes
jeté dans un coin, par la femme de chambre
d'une ambassadrice, revient, après avoir passé

par le Temple , reprendre sa place sur le chapeau de la noble dame. C'est au Temple , dans certains magasins renommés pour ce genre de restauration , que les plus célèbres modistes font mystérieusement acheter les plumes d'autruche et de marabout qu'elles emploient. Plus d'un oiseau de paradis rongé par les vers se vend 1 fr. 50 c. lorsqu'il entre chez le fripier et se revend cinq cents francs lorsqu'il en sort.

Le Temple est encore la providence des actrices nomades, de province et de toute cette partie de là population parisienne qui préfère un luxe douteux a une simplicité décente.

Va au Temple vers sept heures du matin : tu y rencontreras une foule de femmes cachées sous des voiles, qui viennent se procurer au rabais des cachemires à demi usés, du satin d'occasion et du linge; oui, du linge... Une provinciale frémirait de dégoût à l'idée de porter la chemise d'une inconnue; la Parisienne ne se sent pas un scrupule; il lui suffit de trouver, à vil prix, une toile qui ne soit pas d'apparence grossière; le reste n'y fait rien! on ne saura pas qu'elle s'est approvisionnée au Temple! Le luxe parisien consiste seulement dans la forme extérieure. En quelque sorte, on ne se soucie point d'être riche pourvu qu'on le paraisse; tel ménage s'astreint aux plus rudes privations d'intérieur qui se promène en calèche au Bois, et se montre, une fois, par semaine aux Italiens ou à l'Opéra.

Je vous ai dit tantôt que, chaque jour, vers deux heures, les marchands de vieux habits se réunissaient au Temple. Après avoir crié toute la matinée, ces hommes doivent naturellement éprouver une soif ardente qu'il leur faut satisfaire. Cependant, jusqu'au mois de juillet 1815, une seule boutique de marchand de vin, tenue par un vieillard grognon et mal approvisionné, se trouvait sur la place du Temple, au coin de la rue du Puits.

Ce fut alors qu'un ancien tambour de la garde, mis à la réforme, et nommé Pierre Huard ne sachant trop que faire pour vivre, s'avisa d'acheter, à crédit, cinq ou six bouteilles de vin et de venir s'installer, avec trois verres, au beau milieu du Temple, entre la rotonde et le hangar. Le soleil dardait ses feux avec violence, le vin n'était pas trop mauvais, et Pierre Huard ne le faisait payer que cinq centimes le verre. Si bien qu'une heure après son installation, il courait chez le marchand qui lui avait vendu le vin, en acquittait le prix, et avec ses bénéfices en payait quatre autres bouteilles.

Le petit commerce de Pierre Huard prospéra et s'arrondit. Au bout de quinze jours, ce n'était plus seulement des bouteilles de vin, mais encore des flacons d'eau-de-vie qui se pressaient au milieu de sa petite table et qui reflétaient, sur leurs flancs jaunes, les rayons splendides du soleil. Un mois après, une tente abritait le marchand et les buveurs; il fallait à Pierre Huard quelqu'un pour l'aider à servir ses nombreux chalands. Pierre Huard alors épousa une jolie servante du quartier, dont les coquetteries, les beaux yeux noirs et la langue bien affilée ne contribuèrent pas médiocrement à la fortune de son mari.

Quatre ans après, Pierre Huard acheta, sur

la place de la Rotonde, au coin de la rue du Forez, une petite maison qu'il paya comptant et dans laquelle il transporta son commerce, devenu non-seulement un débit de vin et de liqueurs, mais encore une sorte de restaurant et presque une boutique de fruitier et d'épicier.

Ces merveilles prenaient leur source dans la persévérance et l'esprit d'ordre de Pierre Huard, joints à l'intelligente activité de sa femme, toujours alerte, toujours joyeuse, prompte à la répartie, et qui, les bras nus jusqu'au coude, la taille serrée dans un étroit corset et le minois emprisonné dans un petit bonnet de dentelle, faisait le bonheur et le désespoir de chaque habitué de sa maison ; c'est-à-dire de tous ceux que leurs affaires amenaient quotidiennement au Temple.

Quels que fussent l'ordre et l'économie du ménage de Pierre Huard, Pierre Huard ne se refusait pourtant rien de ce qui pouvait rendre la vie douce et bonne à lui et à sa femme. Des bagues d'or chargaient les mains de la jeune marchande, et, le dimanche, il fallait voir le mari, vêtu d'un habit bleu tout neuf, donner le bras à Catherine qu'il conduisait à quelque spectacle après avoir été dîner au restaurant : non pas que leur ordinaire ne fût pas aussi bon que celui d'un gargotier : loin de là, mais parce que cette habitude débarrassait Catherine de tout soin de ménage.

Dans la semaine, ils avaient presque toujours à souper un ami ou deux ; parmi les plus assidus, je dois citer Jacques Verduron, ancien cocher retiré.

Jacques Verduron devait sa fortune et son

oisiveté à l'amour. La veuve d'un épicier s'é-
prit de belle passion pour le visage coloré
fortement et pour les larges épaules du grand
garçon qui conduisait avec tant d'habileté
les chevaux et le carrosse confiés à ses soins.
D'abord la pudeur d'une mésalliance com-
battit en elle l'amour. Que dirait-on dans le
quartier en apprenant la condition du nouvel époux qu'elle choisissait ?... Mais les paroles emmiellées de Verduron, qui s'était
aperçu du tendre penchant de la dame et
qui, de son côté, n'en éprouvait pas un
moins vif pour « les beaux yeux de sa cas-
sette, » triomphèrent de tous les obstacles.
Si bien que madame veuve Rubin trouva le
moyen de concilier l'amour et la vanité en
réalisant sa fortune par la vente de son fonds
d'épicerie. Cela fait, elle changea de quartier, vint du carrefour Bussy habiter la rue
de la Corderie-du-Temple, avec son époux

Jacques Verduron, six mille livres de revenus et son amour.

Pendant les six premiers mois de mariage, Jacques Verduron trouva charmant de se voir sans relâche, durant toute la journée, l'objet des tendresses et des petits soins d'une femme qui l'adorait. Habiter un appartement à lui, avec des meubles à lui ; se vêtir comme le plus élégant du quartier ; trouver à son dîner de l'excellent vin et trois plats ; au lieu de servir, être servi, enfin ne manquer jamais d'argent dans son gousset, lui paraissait la plus douce des existences. Les six mois écoulés, son oisiveté le fatigua. Les caresses et les jalousies de sa femme, plus âgée que lui de dix ans, commencèrent en outre à lui peser d'une étrange façon. Une vieille servante, désagréable, secondait merveilleusement madame Verduron dans l'espionnage dont elle entourait son mari, et c'étaient chaque jour des scènes furibondes à propos des plus innocentes démarches.

Alors, Jacques Verduron regretta ses chevaux, sa vie de cocher et ses douces causeries à l'office. Il était trop tard, et il lui fallait choisir entre l'esclavage le plus absolu ou des querelles domestiques. L'esclavage lui parut trop lourd : une guerre de tous les instants commença donc entre lui et madame Verduron. Quand celle-ci, lasse de crier et de pleurer, s'aperçut que ses récriminations ne servaient qu'à éloigner son mari de la maison, elle céda peu à peu à la persistance de Jacques, et finit par lui accorder une honnête liberté dont il ne se servait guère, du reste, que pour aller passer la soirée et souper chez Pierre Huard.

Dame Catherine entrait-elle pour quelque chose dans les assiduités de Jacques chez le marchand de la rue du Forez ? Madame Verduron le craignait parfois, mais à tort. Ce qui charmait le cocher, c'était, premièrement, de ne point sentir là sans cesse sa femme à ses côtés; ensuite, la conversation amusante de Pierre et une sincère admiration pour l'ami qui seul, et sans un sou, était parvenu à se créer une petite fortune, l'attiraient chez Huard dont il devint peu à peu l'ami dévoué. Sa propre fortune lui coûtait si cher qu'il prisait, au-dessus de tout, l'homme qui, par son habileté, était arrivé à des résultats à peu près semblables.

Si Jacques aimait Pierre et lui portait envie, ce dernier ne professait pas pour son ami une estime et une affection moins grandes. Quand

Jacques, par hasard, ne venait point passer
la soirée rue du Forez, on ne savait que faire
au logis, et Catherine pouvait s'attendre à
quelque bourrade de son mari. En effet,
personne ne savait, comme le rentier de la
rue de la Corderie, écouter les propos de
Pierre, l'encourager et l'applaudir dans les
projets qu'il méditait pour accroître sa
fortune.

— Je veux devenir tout-à-fait riche, disait
Pierre, et me retirer à soixante ans dans un
hôtel à moi, et avec deux bons chevaux dans
mon écurie; je veux avoir des domestiques
pour me servir; je veux passer l'été dans une
maison de campagne et l'hiver ne pas manquer à un spectacle. Et tout cela, Verduron,
se réaliserait, deux ans plus tôt, si je possédais
une soixantaine de mille francs de plus. Il y

a des spéculations sûres à faire sur les sucres. Si j'avais eu, la semaine dernière, la somme nécessaire pour en acheter cinquante mille pains, je gagnais vingt mille francs d'un seul coup. Je n'ai pu, par malheur, opérer que sur trois mille. »

Ces paroles enflammaient l'imagination de Jacques, à qui d'ailleurs pesaient étrangement son oisiveté et le remords qu'il avait de ne devoir sa fortune qu'à sa femme. « Si je doublais cette fortune, pensait-il, elle n'aurait plus le droit de me faire le moindre reproche; je pourrais aller près d'elle la tête haute. » Si bien que peu à peu cette idée s'empara de lui à un tel point qu'elle ne lui laissait plus de relâche, et qu'un soir, il glissa à sa femme quelques paroles d'un projet d'association entre lui et Pierre Huard.

T. I.   7

D'abord, madame Verduron frémit à l'idée d'exposer à des chances commerciales sa fortune solidement établie sur le grand-livre et d'un revenu net, sûr et régulier. Mais elle aimait si follement son mari que l'idée de le savoir près d'elle, du matin au soir, occupé, et ne pensant pas à mal par désœuvrement, l'emportèrent sur toute autre considération. Elle revint elle-même à l'idée de son mari et se mit à en poursuivre l'accomplissement avec une ardeur qui surpassait l'impatience de Jacques. D'ailleurs, ne deviendrait-elle pas d'une grande importance dans cette association? Ses connaissances et sa longue habitude du commerce d'épiceries ne seraient-elles pas les chances principales de l'entreprise que formeraient les deux amis?... Ainsi donc elle reprendrait encore sa place dans un beau comptoir; elle tiendrait encore de nombreux garçons sous ses ordres! Ainsi Jacques ne pourrait pas franchir le seuil du magasin sans qu'elle le sût, sans qu'elle le vît! Et puis devenir riche, réellement riche cette fois! Il en fallait moins pour lui tourner la tête.

Restait à proposer l'association à Pierre Huard et à la lui faire accepter. Les époux Verduron attachaient tellement d'importance à leur projet qu'ils s'exagéraient les difficultés de la réussite et qu'ils se créaient mille obstacles imaginaires. En effet, Pierre Huard convoitait depuis bien longtemps les capitaux importants que Verduron pouvait, par une association, apporter dans son commerce. De même que tous ceux qui sont fils de leurs œuvres, il rêvait sans cesse une position plus brillante; c'était moins un accroissement de fortune qu'un accroissement de commerce qu'il ambitionnait. Comme il ne pouvait supposer que le paisible rentier Verduron songeât le moins du monde à prendre la vie agitée d'un industriel, il traitait ces projets d'association de châteaux en Espagne.

Ainsi, tous les deux préoccupés d'un pareil désir, ces hommes, par la passion même avec laquelle ils apprêtaient leurs projets, en rendaient presque impossible l'accomplissement. Leurs relations néanmoins se resserraient davantage, et les femmes, qui jusqu'alors en étaient réstées aux plus vagues démonstrations de politesse, se rapprochèrent peu à peu et devinrent intimes. Madame Verduron donna plusieurs dîners splendides. Madame Huard y fut invitée avec son mari, et ce fut à elle que s'adressèrent toutes les attentions et tous les honneurs du repas. Ca-

therine ne mit pas moins de faste et de
coquetterie à traiter, chez elle, madame
Verduron. Enfin il ne se faisait plus, dans
les deux ménages, une partie de spectacle
ou de campagne qui ne fût commune entr'eux.

On le comprend, enfin l'association découla
d'une si grande intimité. Personne ne la pro-
posa directement; de part et d'autre, elle se
trouva conclue et arrêtée comme chose naturelle, et toute simple. Pierre Huard fit l'in-
ventaire de sa boutique, qui fut évalué à cinquante mille francs; les époux Verduron ap-
portèrent un somme égale; on résolut en outre qu'ils viendraient loger dans la maison de
la rue du Forez, et qu'ils y occuperaient l'appartement du premier, mis en location jusque-là. Un grand dîner célébra la réunion des

deux familles, et l'on y convia les riches clients
de l'établissement désormais commun. Enfin
une enseigne à lettres d'or surmonta le fron-
ton de la boutique et montra l'inscription sui-
vante aux passants :

Au Tonneau d'Or,

HUARD ET VERDURON,

Commerce d'épiceries, vins et liqueurs.

Les premières semaines de l'association ne
furent que satisfactions et joies. Mesdames
Verduron et Huard parlaient de ne faire qu'un
seul ménage et de prendre leurs repas en commun : elles formaient en outre des projets
de mariage entre un petit garçon de quatre
ans qu'avait la première et une filleule de
sept que Catherine aimait comme sa propre fille. Enfin, mettant de côté les froides
formules de la politesse, elles n'employèrent

bientôt plus que le langage du *tu*, s'appelè-
rent entre elles de leurs petits noms et finirent
par ne plus pouvoir se quitter.

Quant aux maris, c'était une union bien
plus étroite et bien plus complète encore. Le-
vés tous les matins au point du jour, il fallait
les voir dans leur magasin, les bras nus jusqu'aux coudes, remuant les tonneaux et pré-
parant les marchandises. Ce n'était plus à
vendre du vin, de l'eau-de-vie et quelques épiceries usuelles que se bornait leur commerce. Non, ma foi! ils spéculaient en gros
sur les denrées coloniales, et il avait fallu que
Huard reprît, pour mettre ses marchandises,
un immense magasin situé en face de sa maison; magasin qu'il avait loué jusqu'alors à un
marchand du Temple, et qui ne pouvait suf-
fire, aujourd'hui, à tous les approvisionnements
qu'achetaient les deux associés.

Il est inutile de vous dire que la boutique elle-même n'avait pas gardé son aspect modeste et enfumé ; qu'elle avait participé à l'amélioration générale, et qu'on avait placé la glorieuse enseigne, dont je vous parlais tout-à-l'heure, sur une façade récrépie à neuf. Les boiseries intérieures, les rayons et les deux comptoirs de chêne, restaurés également, étincelaient de propreté. Dans celui de droite, se tenait madame Huard, qui continuait de débiter les boissons aux innombrables pratiques, habituées depuis dix ans à recevoir, de sa petite main potelée, le canon de vin ou le petit verre d'eau-de-vie ! A gauche, en face d'elle, on voyait madame Verduron qui, forte de son expérience en épiceries, faisait servir les chalands par deux garçons, et ne dédaignait pas elle-même, parfois, de peser une once de café et de livrer une livre de chandelles.

Arrivait-il quelque instant de relâche , on entendait aussitôt la voix doucereuse de madame Venduron adresser des paroles d'amitié à sa chère Catherine, qui lui répondait sur le même ton; enfin, pendant la durée des repas, si l'arrivée d'un acheteur exigeait que l'une d'elles se dérangeât, elles se disputaient à qui ferait pour l'autre cette corvée: souvent elles quittaient la table, toutes les deux, plutôt que de céder.

Un bonheur si complet, une union si parfaite valaient trop de bonheur à ces quatre personne pour que le diable ne se mêlât point de les troubler. Hélas! il n'y réussit que trop!

Charmés de la bonne intelligence de leurs femmes, Huard et Verduron redoublaient de soins et d'attentions pour elles, et il ne se passait guère de jour sans qu'ils ne rapportassent au logis quelques bagatelles qu'ils offraient, Huard à madame Verduron, Verduron à madame Huard. Le caractère de ces deux hommes se retrouvait dans les cadeaux qu'ils faisaient. Il y avait toujours un peu de parcimonie dans les emplettes de l'ex-tambour, qui devait sa fortune à la plus sévère économie; l'autre, au contraire, comme tous les enrichis par hasard, tranchait du grand seigneur et faisait les choses largement. Ajoutez que, fort de la pureté de ses intentions, il ne songeait point à cacher le plaisir qu'il trouvait à la conversation de la joyeuse Catherine, conversation que rehaussaient, avec tant de charme, un minois piquant et deux grands yeux noirs.

Or, madame Verduron avait beau empanacher ses bonnets de tous les rubans possibles ;

elle avait beau se pincer les lèvres et chercher à imiter les tours de tête de Catherine, son miroir ne lui disait que trop la position secondaire que gardaient ses quarante-cinq ans devant les vingt-huit de son amie. En outre, une voix secrète ajoutait que, plus jeune et plus jolie, elle recevrait de Huard des présents moins mesquins. Du sentiment de son infériorité personnelle et du dépit des attentions que prodiguait son mari à la jeune femme, elle arriva bientôt à une double jalousie contre Catherine.

Humiliée dans sa vanité de femme, blessée dans sa tendresse d'épouse, vous pouvez savoir quel ferment de haine se développa, dès lors, au fond de son cœur. Il ne fallait que la voir pour le comprendre. Pourtant, en apparence, rien n'était changé, dans ses paroles, à l'égard de Catherine: elle multipliait toujours près d'elle les mêmes attentions caressantes ; mais il y avait sans cesse une nouvelle aversion qui venait accroître la rage sourde couvée dans son cœur et qui devait éclater au moindre choc.

De son côté, Catherine n'était point dupe des cajoleries de madame Verduron. Les femmes ont un instinct merveilleux pour saisir entre elles les mystères de la pensée et des sentiments secrets.

Une lutte commença donc, une lutte à mort, avec des redoublements de courtoisie ; elles s'embrassaient, quand leurs mains se crispaient pour s'étouffer.

Les deux associés, tout entiers à leurs affaires, ne se doutaient en aucune façon de l'orage terrible amassé au-dessus d'eux, et qui devait éclater d'une manière inattendue.

Madame Verduron, en quittant son appartement de la rue de la Corderie, avait amené avec elle, rue du Forez, une domestique qui la servait depuis quinze ans et dont elle avait fait sa confidente. Grosse, ignoble, hypocrite et flagorneuse, Fannie trouvait trop son profit aux ridicules de sa maîtresse pour ne point la flatter de toutes les manières. Son allure fausse et sa personne graisseuse avaient inspiré, à la franche Catherine, un dégoût qu'elle ne songeait point à dissimuler : d'autant plus que, n'ayant pas de servante, elle ne voyait pas, sans une sorte de jalousie, madame Verduron plus avantagée qu'elle sous ce rapport. Donc, toutes les fois qu'elle pouvait trouver Fannie en faute, elle ne manquait pas de signaler énergiquement à madame Verduron le méfait commis; celle-ci, dans les premiers temps de l'association, vaincue par l'évidence des larcins que faisait à ses dépens Fannie, avait failli céder et la renvoyer : bientôt elle aima cette créature de toute l'aversion que lui témoignait madame Huard, et le rouge de la colère montait au visage de l'épicière chaque fois que son ennemie attaquait la servante.

Cependant, elles en restaient encore aux paroles et aux formes bienveillantes, et si mille querelles avaient eu lieu entre elles, c'était sous des apparences courtoises; à peu près comme un volcan qui brûle sous quelques pieds de terre qu'il n'a point encore brisés.

Surveillée, espionnée, harcelée et souvent

prise en défaut par madame Huard, Fannie
résolut de s'en débarrasser, une bonne fois, et
de se faire accuser par cette femme d'un dé-
lit dont elle paraîtrait innocente. Pour cela,
elle prit dans la chambre de sa maîtresse une
boucle d'oreille d'or, et la jeta, le matin,
pendant le déjeûner, sous le comptoir de son
antagoniste, et près d'un petit chien qu'ido-
lâtrait madame Huard. Quand madame Verduron voulut mettre ses boucles d'oreilles,
elle n'en trouva plus qu'une ; on chercha
dans tout l'appartement ; on visita la maison
de la cave au grenier ; les perquisitions restèrent inutiles ; madame Huard, triomphante,
ne manqua pas de dire que Fannie devenait
responsable des bijoux perdus, et qu'en cette
occasion elle était au moins coupable de négligence. A ces mots, la grosse servante fondit en larmes et prit le ciel à témoin de son
innocence.

—Ce n'est point la première fois que vous perdez les bijoux de votre maîtresse; il en est peut-être de cette boucle d'oreille comme du mouchoir brodé qui sortait hier de votre poche.

— Quel mouchoir ? fit madame Verduron.

— Celui-ci, répliqua madame Huard, en montrant un mouchoir qui appartenait en effet à madame Verduron; celui-ci! Je l'ai tiré doucement de sa poche, et sans qu'elle s'en aperçût. Qu'elle me démente, si elle ose.

Fannie restait atterrée, quand, tout-à-coup, le petit chien de madame Huard sortit du comptoir, en jouant avec quelque chose de brillant qu'il traîna au milieu de l'arrière-boutique; c'était la boucle d'oreille.

— Vous voulez perdre une pauvre fille! s'é-
cria la servante; vous avez pris le mouchoir
et la boucle d'oreille pour m'accuser, par de
fausses preuves, d'avoir volé. Que vous ai-je
fait, madame?

Disant cela, elle fondait en larmes.

Madame Verduron, tremblante et pâle,
s'avança vers madame Huard, les traits cris-
pés par les plus effroyables contractions
qu'ait jamais jetées la haine sur un visage de
femme... Toute la rage amassée depuis si
longtemps sur son cœur allait enfin éclater
librement.

Elle promena ses yeux gris et flamboyants
sur madame Huard; elle agita ses lèvres pendant quelques secondes avant de pouvoir par-

ler; enfin, elle lui jeta au visage d'une voix sèche et saccadée :

— Allez, cela est indigne ! Vous devriez vous rappeler que vous avez été aussi une servante !

Lorsque Verduron et Huard, sortis ensemble le matin pour une affaire importante, rentrèrent au logis, ils trouvèrent toute la maison dans le plus grand trouble : chacune des deux femmes exposa à son mari, non sans larmes, l'indigne conduite de son ennemie. Madame Verduron montrait madame Huard sous l'aspect d'une vile calomniatrice à laquelle tous les moyens étaient bons pour perdre une pauvre fille. L'autre, pâle de rage, demandait vengeance de l'insulte que lui avait craché au visage l'in-

digne madame Verduron. L'ex-tambour aimait sa femme ; l'ex - cocher craignait la
sienne ; ils adoptèrent donc chaudement les
querelles des deux exaspérées créatures, et
vinrent s'en plaindre l'un à l'autre avec violence ; car le bon accord des associés commençait à s'altérer aussi d'une façon sensible.
Le premier motif de ce germe de désunion
provenait du peu de réussite qu'obtenaient
les affaires de la nouvelle raison sociale ; les
bénéfices étaient loin d'atteindre au taux es-
péré ; plusieurs pertes considérables les di-
minuaient encore. Ces pertes, Verduron en
accusait Huard ; Huard, de son côté, les attribuait au laisser-aller vaniteux de Verduron
qui tranchait toujours du grand seigneur et
qui ne savait rien refuser, pourvu que l'on
flattât son amour-propre et que l'on s'a-
dressât secrètement à lui, sans prendre garde
à son associé. Peut-être parce qu'il avait

le sentiment de son infériorité, l'ex-cocher
avait la prétention de tout diriger et laissait
entendre que, sans ses conseils, et surtout
sans les sommes considérables qu'il avait ap-
portées à la société, Huard serait demeuré un
pauvre petit marchand de vin et d'épiceries.

Ces manières d'agir froissaient Huard,
homme brusque, actif et qui, devant tout à
lui-même, avait de lui une estime exagérée.
Enfin Verduron, beau parleur, aimait à faire
des phrases et à s'étendre en digressions.
Pierre Huard savait, au contraire, le prix du
temps et n'aimait à perdre et à voir perdre
en paroles que juste ce qu'il fallait pour arriver au résultat désiré : de sorte qu'à toute
minute, Huard interrompait brusquement,
même en présence de tiers, les fleurs de rhé-
thorique de son associé; li ne ménageait pas

la vanité du bavard, s'il se donnait des airs
de maître.

Verduron humilié se tenait à l'affût des
moindres déconvenues qui survenaient dans
les moyens mis en œuvre par son associé ;
il ne manquait jamais de râbâcher, dix fois
par jour, que cela ne serait point arrivé
en suivant ses propres avis ; de sorte qu'à la
contrariété du non-succès, si douloureuse
déjà pour les intérêts et pour l'amour-propre
de Huard, se joignait l'irritation de ces repro-
ches, d'autant plus cuisants qu'ils frappaient
justes. Il en éprouvait une telle colère que
souvent elle le faisait persister à suivre des
idées que lui-même reconnaissait mauvaises,
et qu'il eût abandonnées de suite sans les
criailleries de Verduron ; l'entêtement et
le désir de contrarier ce parleur acharné

l'emportaient sur toute autre considération :
de là, maint échec amèrement reproché; de
là, un ferment de haine non moins âcre que
celui des deux femmes.

Ce fut donc, Verduron la face empour-
prée de colère, et Huard, pâle et le visage
contracté par la rage, qui vinrent mutuellement se demander justice de leurs femmes.

Verduron, qui, tant de fois, avant de s'as-
socier avec Huard, s'était plaint à lui du caractère tracassier de son épouse surannée, ne
voulut point, en cette occasion, la reconnaître
coupable du plus léger tort; Huard riposta
par une égale opiniâtreté; des mots hostiles
s'échangèrent : sans l'intervention des garçons de magasin, ils en seraient venus aux
coups. Heureusement, on parvint à les sé-

parer : des amis, des voisins accourus au bruit de la querelle, opérèrent entre eux une réconciliation qui n'en laissa pas moins, dans le cœur de ces deux hommes, une amertume avec laquelle tout bon accord était désormais impossible.

La maison de la rue du Forez devint donc un enfer, véritable séjour de pleurs, de grincements de dents, de haines, de querelles et de perfidies atroces. Les deux femmes attisaient, sans relâche, les mauvais sentiments réciproques de leurs maris, l'on ne peut imaginer avec quelle infernale adresse elles interprétaient, d'une façon odieuse, les faits les plus innocents. Tout fournissait donc matière à discussion, et souvent à rixe. Bientôt, les chalands redoutèrent de venir faire quelque acquisition à l'enseigne du *Tonneau-d'Or*,

On n'y trouvait plus que des visages désa-
gréables et des paroles bourrues ; souvent
même, il fallait attendre un quart d'heure ce
que l'on demandait et subir une altercation
des deux femmes qui se renvoyaient tour-à-
tour le soin de servir l'acheteur.

Un tel état ne pouvait durer longtemps :
chacun des associés devait désirer avec impatience de le voir se terminer. Mais dans
l'acte d'association, une clause imposait le
dédit de sept mille francs à celui qui deman-
derait résiliation du traité. Donc, ni l'un ni
l'autre ne voulait faire la première proposi-
tion, moins dans la crainte de payer le dédit
que par le désir de le faire payer à son antagoniste.

Si quelque ami voulait s'interposer entre

eux et les amener à dissoudre amiablement
une association dont les conséquences les
conduisaient à une ruine infaillible et complète, ils répondaient, chacun de leur côté,
qu'ils ne songeaient point à désunir leurs affaires. — Mon associé veut me quitter, di-
saient-ils avec une fausse indifférence : alors
qu'il paie le dédit; pour moi, je n'en ferai
rien.

Cependant, les bénéfices non-seulement
avaient cessé, mais encore des pertes considérables survenaient tous les jours; chacun
des deux marchands ne poursuivait qu'un
seul but, celui de mettre son associé dans la
nécessité de quitter la partie et de payer sept
mille francs. En vain, leur démontrait-on que
leurs retards à prendre une décision amène-
raient des pertes plus considérables, rien ne

pouvait les arracher à leur aveugle entêtement.

On va voir comment cette crise se termina; mais pour bien comprendre ce qui va
suivre, quelques explications deviennent nécessaires.

Huard était sans doute un habile marchand
et un homme d'intelligence peu commune.
Néanmoins, il n'avait appris à lire couram-
ment qu'avec une difficulté inouïe : c'est
à peine s'il savait signer son nom; encore
ne le faisait-il que bien lentement et en caractères peu lisibles. Sa femme, plus heureuse dans son éducation première, lui servait de commis, tenait les livres et s'acquittait convenablement de cet emploi; quant à
la signature commerciale, elle appartenait

exclusivement à Verduron. La mauvaise écri
ture de Huard et le besoin qu'il éprouvait de
laisser quelque occupation à l'ex-cocher fu
rent le motif de cette clause de leur acte de
société. « Une pareille mesure, se disait-il,
flattera sa vanité et l'empêchera de me gêner
dans la direction de mes affaires. J'agirai, il
approuvera. Par ce moyen, les pouvoirs se
trouveront compensés en apparence, lorsque
dans le fait j'en disposerai seul. Verduron
ne voit et ne verra jamais que par mes yeux ;
sans compter que je me trouve débarrassé
des ennuis de tenir la plume. » Donc, les
deux partis acceptèrent avec une satisfaction
égale les paragraphes suivants de l'acte d'association :

« La signature sociale est *Huard et Verduron.*

« Notre sieur Verduron aura seul la signature sociale. »

Les choses, en effet, se passèrent d'abord comme les avait prévues Huard : Verduron ne se sentait pas de joie lorsqu'on le poursuivait pour donner sa signature, et laissait son associé agir librement sans jamais songer même à la plus légère question.

Lorsque la division surgit entre les deux amis, lorsqu'un sentiment de malveillance s'établit entre eux, Huard reconnut alors combien il avait été imprudent, et de quelles armes pouvait disposer contre lui son antagoniste.

En effet, Verduron ne donnait plus une signature, sans mauvaise grâce et sans une

foule d'observations; heureux encore s'il ne
la faisait point attendre des jours entiers.
Vous comprenez toute l'inquiétude d'Huard,
quand, assis, un soir, dans son arrière-
boutique, et compulsant avec angoisse ses
livres de commerce, il reconnut que plus
de vingt mille francs restaient à payer à la
fin du mois, et que les rentrées ne devaient
pas s'élever à la moitié de cette somme. Il
fallait recourir à des emprunts nouveaux,
créer des lettres de change et les présenter à
l'escompte; le temps pressait.... Catherine
écrivit donc, sur papier timbré, les formules
sacramentelles, et Huard, pâle et le cœur
serré, alla frapper à la porte de Verduron,
afin de lui demander sa signature. Dès que
la porte s'ouvrit, dès qu'il eut mis le pied sur
le seuil, il comprit le refus qui l'attendait :
ce fut en balbutiant, et en sentant combien
elle était inutile, qu'il fit cette demande ;

— Verduron, signez, je vous prie, ces billets.

Verduron s'assit plus carrément dans son fauteuil, mit ses besicles, et, après avoir lu et relu longuement les papiers, les posa sur le bureau. Puis il renforça sa voix, et dit avec une expression amère, victorieuse, et en pesant chaque syllabe :

— Je ne signerai point.

— Pourquoi ? s'écria douloureusement Huard.

— Parce que je ne signerai point.

— C'est perdre tout notre crédit ! Laisser protester des billets, c'est nous réduire à la faillite.

— J'en veux précisément arriver là.

— Au déshonneur?

—Non, à mettre fin à une mauvaise affaire. Tout le monde sait bien que je n'ai fait, dans cette stupide association, qu'apporter et que perdre mon argent; une faillite me débarrassera de tracas et d'ennuis dont je suis las depuis longtemps; j'y perdrai cinquante mille francs; un nouvel héritage échu à ma femme répare cette perte : je vais donc reprendre ma vie tranquille, et je vous promets de ne plus faire le commerce.

— Mais moi, toute ma fortune se trouve dans cette affaire! C'est mon pain! c'est le pain de ma femme! C'est le fruit de quinze années de travail et de privations! C'est mon

honneur, c'est ma vie! Notre position n'est
pas désespérée. Il nous faut dix mille francs
ce mois-ci, pour faire face à nos obligations;
le mois prochain il nous en rentrera dix-
huit mille!... Ne me perdez pas! ne me dés-
honorez pas !

— Je ne donnerai point de signature.

— Au nom de notre ancienne amitié!

— Non.

— Je vous le demande à genoux!

— Ecoutez : je signerai, mais à une condition; c'est qu'au préalable vous signerez,
vous, l'acte de dissolution de notre société.
Vous resterez chargé de la liquidation, et en

échange, vous me rembouserez dans le terme de dix-huit mois les cinquante mille francs que j'ai apportés. De plus vous paierez le déficit.

— De telles conditions...

— Alors point de signature, alors la faillite.

Huard frissonna comme un loup pris au piége; puis, avec la même résignation que montre cette bête fauve quand le chasseur vient la museler, il signa l'acte de dissolution et l'engagement de rembourser avant dix-huit mois les cinquante mille francs et le dédit.

Rentré chez lui, morne, livide, étouffé, il

ne répondit point aux questions que lui adressait sa femme alarmée.

Tout-à-coup il saisit une chaise, la brisa violemment et s'écria :

— Je me vengerai !

Huit mois après la rupture des deux associés, dame Catherine Huard, assise tristement dans son comptoir, se laissait aller à des pensées mélancoliques dont ne parvenait point toujours à la tirer même la venue d'un chaland. Au lieu de se lever aussitôt, comme elle en avait l'habitude; au lieu de s'informer, d'une voix claire et joyeuse, de ce qu'il venait acheter; au lieu de le servir de ses propres mains, elle abandonnait ces soins aux garçons de boutique : puis la tête penchée , les mains enveloppées dans son tablier, elle restait là rêveuse et sans bouger.

C'est que, depuis huit mois, la nécessité de rembourser une partie des cinquante mille francs de Verduron, jointe aux autres engagements commerciaux de Huard, avaient banni de la maison de ce dernier le repos et le bien-être. Il avait fallu recourir d'abord aux emprunts hypothécaires, et ensuite acheter les secours que l'usure vend à des conditions si funestes. Au lieu d'espérer encore dans l'avenir, les pauvres marchands du Temple se débattaient avec désespoir pour empêcher le présent de s'écrouler et de les ensevelir sous ses ruines. Constamment rongé par de si cruelles pensées, ce n'était plus qu'avec brusquerie que Huard parlait à ses garçons et à Catherine elle-même. La moindre négligence excitait sa colère ; souvent même cette colère tonnait sans motif et avec une amertume dont l'injustice augmentait encore la violence. Oh! qu'étaient devenus pour la triste Catherine les jours paisibles et doux de sa médiocrité! Que ne se trouve-t-elle encore au temps où, dans une modeste boutique, elle voyait s'accroître, chaque jour, et peu à peu, la petite fortune de son mari! L'ambition a détruit tout cela. Maintenant, au milieu des apparences de la richesse, ils souffrent toutes les angoisses de la pauvreté.... Et bientôt ces apparences de fortune s'évanouiront elles-mêmes au souffle de la médisance! Trop de personnes sont dans la confidence de leurs malheurs pour que tout le quartier ne les sache point... Une seule chose l'étonne; c'est que Verduron, auteur de toutes ces catastrophes, garde le silence et ne paraisse pas à la tête des plus acharnés. Il faut que cet homme couve quelque sourde machination , plus fatale que tout le reste; sa haine, et surtout la haine de sa femme ne sauraient ainsi s'engourdir.

Tout-à-coup, Huard entra brusquement dans la boutique. Huit mois l'avaient bien changé! On avait peine à reconnaître, dans la face osseuse du pauvre marchand, dans son regard à la fois ardent et sombre, dans sa taille courbée et dans sa démarche saccadée, les manières décidées, la face épanouie et les allures militaires de l'ancien tambour. Néanmoins une grande joie tempérait alors l'énergie de ces ravages produits par le chagrin, car dès le seuil il se mit à crier à Catherine :

— Nous sommes sauvés!

— Sauvés? répéta Catherine effrayée de la joie étrange de son mari ; sauvés!

— Passe dans l'arrière-boutique, femme, reprit Huard en ouvrant lui-même la petite porte du comptoir.

Puis il entoura de son bras la taille de Catherine et l'entraîna dans la pièce qui précédait le magasin.

— Nous sommes sauvés ! fit-il encore de nouveau. Je viens de chez mon notaire; il a vendu le magasin qui se trouve en face de notre boutique que nous avons acheté il y a quatre ans, et dans lequel nous avions établi nos magasins de réserve.

Catherine regarda son mari avec douleur ;

car l'achat de ce magasin il l'avait rêvé dix
ans ; dix ans il s'était imposé les plus rudes
privations pour parvenir à s'en rendre propriétaire... Et aujourd'hui il se réjouissait de
le vendre !

— Il est vendu ! vendu cinquante mille
francs, dit-il encore une fois. C'est de quoi
rembourser les cinq mille francs dont l'é-
chéance arrive demain ; c'est de quoi payer
les huit mille francs de la fin du mois. Enfin,
le reste suffira pour nous libérer envers ce
scélérat de Verduron.

En prononçant le nom de son ex-associé,
Huard devint tour-à-tour pâle et rouge ; ses
points se crispèrent, et ses lèvres convulsives
ne purent achever la dernière syllabe.

—Qui donc est l'acquéreur de notre maison ? demanda Catherine, pour donner un autre cours aux pensées de son mari.

— Un brocanteur d'affaires. Il se nomme Dubois, et m'a payé comptant; voilà tout ce que je sais. Seulement il tient à ce que la maison lui soit livrée sous huit jours. Il faudra nous évertuer d'ici là pour en ôter toutes nos marchandises. Mais qu'importe ? puisque notre salut, notre honneur dépendaient de cette affaire ? Si nous en sommes un peu plus pauvres, du moins nous voilà hors de péril. Maintenant, avec deux ans de travail, nous nous libérerons entièrement et notre position deviendra plus belle que jamais. Oui, Catherine, on nous portera encore envie! Oui, nous serons encore les plus riches du quartier! oui, femme, notre fortune fera damner encore les Verduron. Oh! je te le promets, ils enrageront, les misérables! Notre établissement est le seul du quartier; ses revenus ne peuvent qu'augmenter au lieu de diminuer. Ce sont des rentes, mon enfant; de vraies rentes! Je chiffrerais à cent écus près, je le parie, les bénéfices de l'année que nous allons commencer. Je ne veux plus faire d'autres affaires. Au diable les spéculations chanceuses! Ma boutique du quartier du Temple, mon riche détail, rien de plus!... Fasse des affaires en gros qui voudra!

En effet, débarrassé comme par miracle des soucis qui l'accablaient et des malheurs sous lesquels il allait inévitablement succomber, Huard repit peu-à-peu sa gaieté. A huit jours de là, on ne l'aurait plus reconnu tant il avait repris bonne mine; tant sa liberté d'esprit lui était douce après huit mois d'inquiètes préoccupations. Il dirigea soigneusement les ouvriers qui enlevaient les marchandises logées dans la maison vendue, et s'il poussa quelques soupirs en portant les clés chez le notaire, il oublia bientôt cette tristesse de propriétaire, dans un dîner où il réunit tous ces garçons de magasin. La soirée se termina au théâtre de l'Ambigu, moyennant deux loges à moitié prix et à la grande joie de Catherine, dont le mélodrame, vous le savez, faisait les délices.

Pour la première fois, depuis huit mois, Huard avait passé toute une soirée sans penser à Verduron.

Le bien-être d'esprit de Pierre Huard ressemblait aux ineffables caresses de la convalescence, ou bien aux sensations d'un prisonnier qui, longtemps retenu dans un cachot, se retrouve en face de la lumière et parmi des flots d'air pur. Aussi, levé dès le point du jour et après une longue nuit d'un sommeil paisible, il descendit en chantant, dirigea les travaux de ses garçons de boutique et donna deux gros baisers à Catherine lorsqu'elle vint prendre place au comptoir. Joignez à cela qu'une joyeuse journée d'automne semblait s'apprêter : les rayons du soleil levant illuminaient la façade de la boutique et donnaient au *Tonneau d'Or* de l'enseigne un éclat mystérieux, et qui semblait à Huard le présage d'une prospérité infaillible. Donc, il allait, il venait, chantant, riant, badinant, en un mot gai comme un pinson, disait Catherine.

Hélas! vers huit heures du matin, le ciel s'assombrit tout-à-coup, et le ciel naguère plein de lumière, se chargea de nuages pluvieux. La gaieté d'Huard se ressentit de ce changement d'atmosphère et devint moins vive. Catherine elle-même quitta le seuil de la porte et reprit sa place dans le comptoir, où, peu à peu, des pressentiments sinistres s'emparèrent de son imagination. Huard, pour se distraire et retrouver sa belle humeur, eut fantaisie d'aller visiter les travaux que faisait commencer le nouvel acquéreur de son magasin. Il se dirigea donc, en veste, et les mains insoucieusement croisées derrière le dos, vers les maçons qui s'évertuaient au milieu de tourbillons de poussière... Il s'arrêta tout-à-coup, pâle et haletant... L'homme qui leur donnait des ordres, c'était Verduron!... Verduron acquéreur de cette maison? Oh! cela cache quelque piége infâme! Pourquoi cet achat mysérieux par l'entremise d'un inconnu? qu'en veut-il faire? « Catherine, Catherine! c'est Verduron qui devient notre voisin. Verduron ! comprends-tu combien de malheurs cela pronostique ? Le scélérat ! »

Hors de lui, il courut vers son ennemi, la rage au cœur ; Verduron, comme s'il n'eût point aperçu son ancien associé , ferma paisiblement la porte de sa nouvelle maison , et sans s'inquiéter davantage fit continuer les travaux à huis-clos.

Dès lors commencèrent pour Huard et pour sa femme les angoisses d'une attente funeste et dont les incertitudes ne tombaient sur leur cœur qu'une à une et lentement. Ainsi les travaux intérieurs terminés après une semaine, on vit les menuisiers enlever la grande porte massive du magasin que remplaça une devanture élégante. Alors on put s'apercevoir encore qu'un plancher recouvrait le sol du magasin, et que tout se disposait pour l'établissement d'une boutique.

En effet, des comptoirs s'élevèrent, des casiers et des tiroirs tapissèrent les murs intérieurs, et un escadron de peintres vint recouvrir tout cela de couleurs tranchantes. Le coup le plus terrible et le plus inattendu fut, un matin, l'apparition d'une enseigne élevée pendant la nuit ; elle portait une suscription à peu près pareille à celle de Huard ; elle était surmontée du même tonneau d'or ; seulement la légende de cet emblème parlant avait subi une légère et perfide modification.

Au Tonneau d'Or,

VERDURON ex-associé d'HUARD,

Commerce d'épiceries, vins et liqueurs.

Ainsi Verduron, l'infâme! vient établir

une effrontée concurrence en face de leur propre maison! Il fait plus, il leur vole leur enseigne; il leur vole leur clientelle! Heureusement qu'il y a des lois! heureusement que les tribunaux sont là; il ne peut être permis à un misérable coquin de venir ruiner ainsi un honnête homme!

—Mon chapeau, femme; il faut que je coure chez un avocat; il faut que ce drôle soit assigné dès demain et que son enseigne dégringole avant huit jours. Ah! ah! nous verrons bien mons Verduron, qui de nous deux l'emportera. Vous avez ma maison, oui, mais mon enseigne, c'est ce qu'il faudra voir.....
Et si les lois ne me vengent pas, moi, Huard, pensa-t-il en se dirigeant comme un forcené vers le Palais-de-Justice; si mon bon droit ne me sert à rien, malheur à toi, Verduron, malheur à toi!

Une heure après, Huard revint chez lui toujours dans la même agitation, mais cette fois avec l'espoir d'une prompte vengeance. En passant vis-à-vis l'enseigne de Verduron, il brandit le bras en signe de menace et de malédiction; puis haletant, baigné de sueur et le cœur brisé de palpitations, il s'assit sur un tonneau de sa boutique. Mais le moindre repos n'était point compatible avec son exaspération; il lui fallut se lever et marcher de droite et de gauche sans but, pour obéir à la fièvre qui lui brûlait le sang, aux pensers qui lui mordaient le cerveau.

— Leur enseigne tombera! dit-il enfin d'une voix qu'enrouaient l'ardeur de ses lèvres et la sécheresse de son gosier. Leur enseigne tombera, Catherine! Ils seront condamnés! l'avocat répond du gain de mon pro-

cès. Ah ! ah! l'honnête homme de Verduron!
vouloir me voler mon enseigne et mes pratiques!... Le coquin va recevoir de mes nouvelles... Tiens, regarde; mon huissier tient
parole et les vingt francs que j'ai donnés à
son petit clerc font déjà leur effet. Vois! ris.
Il entre dans la boutique; il remet son papier
timbré à la Verduron; elle en devient rouge
de colère; elle appelle son mari. Oui, oui,
appelle, vieille coquine, c'est une assignation
en bonne forme, une assignation à ôter sur-
lechamp ton enseigne, ou à comparaître dans
quinze jours par-devant la deuxième chambre
du tribunal de première instance. Et vous y
viendrez, Verduron ! Et vous serez condamné
comme fripon, pour mauvaise foi, et escro-
querie d'enseigne. Ah! ah! ah! ah! il me
tarde de te voir sur le banc d'infamie, avec
des gendarmes à tes côtés, gueux, escroc !

Et il gesticulait, et une écume blanche couvrait ses lèvres, et ses yeux allumés roulaient sanglants et furieux.

Pendant les éternels quinze jours qui le séparaient encore du procès, Huard ne put ni dormir, ni s'occuper d'affaires, ni même demeurer chez lui. Une main invisible et brûlante semblait le pousser devant elle; un souffle infernal semblait l'enivrer de vertige et de rage; rien ne calmait un état si alarmant; les plus douces cajoleries de Catherine y perdaient leurs efforts.

De son côté, Verduron et sa femme ne gardaient pas une tranquillité plus grande. Ils avaient refusé de faire disparaître leur enseigne, à la première sommation de l'huissier, mais c'était par entêtement pur et non par la

conscience de leur bon droit. Une voix secrète leur faisait pressentir la perte du procès; ils avaient beau chercher à se tromper
eux-mêmes, à cet égard, en alléguant la réputation de leur avocat et les chances que présente toujours un procès. Quoi qu'il en soit,
ils allaient de l'un à l'autre, visitaient les
juges, cherchaient par des cadeaux à inté-
resser les personnes qui approchaient de ces
derniers, et enfin multipliaient les probabi-
lités de réussite, quelque puériles et vaines
qu'elles leur parussent.

Un autre soin qu'ils ne prenaient pas avec
moins de ferveur, c'était d'écraser Huard
par le luxe de leur boutique, par les énormes
quantités de marchandises qu'ils y faisaient
entasser, et par le grand nombre de leurs
garçons.

Huard, dès qu'il vit cette manœuvre, dépensa chez lui, deux mille francs en améliorations, et prit en plus huit garçons de boutique. De son côté, toujours sur le seuil de son magasin, Catherine comptait avec anxiété le nombre des chalands que l'attrait de la nouveauté conduisait chez sa rivale. Là, elle proférait tout bas des anathêmes contre chacune de ses anciennes pratiques qui lui devenaient infidèles, et le cœur brisé, détournait la tête pour cacher ses larmes. D'autre part, madame Verduron, la tête chargée d'un bonnet de dentelle qui valait au moins trois cents francs, étalait à sa porte le faste d'une robe en gros de Naples et des boucles d'oreilles en diamants; enfin ses gros doigts courts disparaissaient sous les bagues. Rien n'était triste et plaisant comme de les voir toutes les deux, l'œil en feu et le cœur pantelant d'attente, à la vue d'une personne du

voisinage qui se dirigeait de leur côté, avec
l'intention d'acheter quelques épiceries. Ç'é-
taient des sourires alléchants, des minaude-
ries sans fin, et parfois même les séductions
plus directes de la parole :

— Bonjour, voisin; il y a longtemps qu'on
ne vous a vu !

— Vous voulez de l'huile, voisine; j'en ai
reçu d'Aix qui n'est que pure olive.

— Venez m'acheter de mon café, vrai par-
fum Moka.

Le chaland se décidait-il pour l'une ou
pour l'autre boutique, alors la désappointée
changeait de ton :

— Une belle affaire, ma foi! pour dix centimes de fromage de gruyère, ou bien un demi-kilogramme de pruneaux. Il m'en dira des nouvelles, du reste ; voilà quinze jours qu'ils sèchent au soleil.

— Va, va donc, imbécile, on t'en donnera pour ton argent.

Enfin, durant de telles hostilités et de telles jalousies, le jour du procès arriva.

Vous dire tout ce que les deux parties souffrirent d'attente et d'angoisses jusqu'à l'heure de l'audience n'est point possible à des paroles humaines. Huard et son antagoniste arrivèrent au Palais longtemps avant l'ouverture du tribunal, et se promenèrent en compagnie de leurs avocats dans cette immense et triste galerie que l'on nomme la *Salle des pas perdus.* Les hommes de loi, chargés de la cause, écoutaient avec distraction les paroles passionnées de leurs clients qui, chaque fois qu'ils se rencontraient, de trois minutes en trois minutes, échangeaient des regards furieux.

L'audience s'ouvrit enfin et l'on appella la cause « Huard contre Verduron. » Après quelques lectures faites d'une voix nasillarde par le greffier, l'avocat du demandeur eut la parole.

C'était un jeune homme, riche de rhétorique et qui devait à une éloquence chaude sa réputation brillante et précoce; il prit donc au sérieux l'affaire de son client. Après avoir exposé les droits de la propriété, cette base sacrée et inviolable de l'existence sociale, il s'éleva vigoureusement contre ceux qui ne craignent point de violer indirectement ces droits. Selon son plaidoyer, l'homme qui, sans détours, en face, brutalement, attaquait la propriété, méritait moins la rigueur des lois que le traître dont les manœuvres ténébreuses cherchaient les mêmes résultats avec des chances d'impunité. Messieurs, s'écria-t-il, si Verduron nous avait volé mille francs arrachés en plein jour dans notre caisse brisée par lui, la loi courberait sa tête sous le carcan du forçat. Eh bien! ce n'est pas mille francs que nous dérobe cet homme; c'est toute notre fortune! c'est toute notre clientelle, c'est le fruit de vingt ans de travail; c'est notre sang, c'est notre existence. Oui, messieurs, sans l'arrêt que nous attendons de votre justice, notre fortune passe dans les mains de cet homme; ce que nous avons gagné par tant de sueurs, tout enfin jusqu'à

notre nom lui appartient. Mais vous ne consacrerez pas une pareille injustice, oh! non,
vous ne la consacrerez pas!

Vieux plaideur émérite, l'avocat de Verduron le prit sur un ton complètement opposé.
Il s'étonna d'abord de l'importance attachée
à de si mesquins débats. Son client n'a fait
qu'user d'un droit insignifiant et sans importance; mais puisque c'est un droit, il le défend contre des prétentions injustes. Il le défend, parce que, pour tout citoyen, défendre
ses droits est un devoir. Verduron a-t-il été,
oui ou non, l'associé de Huard? S'il l'a été,
pourquoi ne le dirait-il pas sur son enseigne?
Quand il est venu verser une partie de sa fortune dans l'entreprise de l'épicier, n'acqué-
rait-il pas la propriété de la clientelle avec la
propriété de l'établissement? Donc rien au

monde ne peut l'empêcher d'avoir été l'associé de Huard, et, par conséquent, rien au
monde ne peut l'empêcher de recueillir les
bénéfices de ce titre, si bénéfices il y a. On
parle du *Tonneau d'Or*, mais le *Tonneau d'Or*,
emblême parlant d'épicerie, appartient à tout
le monde. Il y a dans Paris trente enseignes du
Tonneau d'Or. Huard fera donc à ces trente
épiciers le procès qu'il intente à Verduron?...
Mais c'est trop longtemps occuper d'une cause
si simple le tribunal qui renverra Verduron
de la plainte et condamnera le demandeur
aux dépens.

Pendant les plaidoyers, mille émotions
passaient sur les physionomies pâles et con-
tractées des deux antagonistes. Ils s'agitaient
sur leurs siéges ; ils voulaient interrompre
l'orateur ; ils lui répondaient par des inter-

pellations contenues à grand'peine par les huissiers; la sueur leur ruisselait en grosses gouttes, du front sur le visage.

Après de nouvelles répliques des avocats, le procureur du roi prit la parole et se montra favorable à Huard. Puis le tribunal se retira pour délibérer.

Les deux avocats qui venaient de plaider l'un contre l'autre se rapprochèrent et se mirent à deviser de choses indifférentes. Huard et Verduron souffraient comme souffriront les hommes au jour du dernier jugement, avant qu'un geste du terrible juge les fasse passer à sa droite ou à sa gauche pour l'éternité.

Enfin, après cinq minutes qui durèrent cinq années, les juges rentrèrent dans la salle d'audience. Les deux plaideurs ne purent rien lire de leur sort sur le visage impassible de ces quatre hommes qu'ils dévoraient du regard.

Le président prit place, et, lorsqu'il se fut établi bien carrément et bien commodément dans son fauteuil, il lut l'arrêt en ces termes :

« Attendu qu'une enseigne est l'indication « d'une industrie, et par conséquent, d'une « propriété particulière;

« Attendu que tout ce qui peut porter atteinte à cette propriété doit être empêché;

Ici Huard respira fortement et Verduron faillit être étouffé par le sang qui lui montait au visage.

« Attendu qu'il peut être facultatif aux ex-
« associés de Huard de s'établir dans les dif-
« férents quartiers de Paris et de prendre ce
« titre ;

Ce fut au tour de Huard à souffrir et à celui
de Verduron de triompher.

« Mais qu'en venant former un établisse-
« ment près de celui de Huard, ancien asso-
« cié de Verduron, ce dernier peut induire
« le public en erreur et porter préjudice à
« Huard ;

« Le tribunal ordonne que Verduron sup-
« primera dans la huitaine les mots *ancien*
« *associé de Huard*, lui maintient son enseigne
« du Tonneau, à la charge de ne pas y laisser
« l'inscription y placée et d'en faire enlever

« la dorure, condamne Verduron aux dé-
« pens. »

Huard jeta des exclamations de triomphe
qu'eut bien de la peine à comprimer un huissier ; Verduron se retira lentement, et jeta ,
en passant vis-à-vis de son adversaire, un regard de haine si terrible, que les avocats ne
purent s'empêcher d'en frisonner.

Pendant ce temps-là , madame Verduron
et Catherine attendaient chez elles, avec
quelles émotions et quelle impatience, vous
le savez, le dénouement d'un procès si plein
de drame pour elles. Dans leurs agitations
elles venaient souvent regarder au seuil de
leur porte si leurs maris n'apparaissaient
point à l'extrémité de la rue ; de la sorte il
leur arriva plusieurs fois de se trouver face à

face pour ainsi dire. L'homme le plus indif-
férent n'aurait pu sans terreur voir l'expression de haine empreinte sur leur visage. Le
regard jeté tout-à-l'heure par Verduron à
Huard n'était rien auprès de cette rage silencieuse, mais implacable, mais sans fin.

Tout-à-coup, deux cabriolets accourent et
s'arrêtent devant chacune des deux boutiques.
De l'un saute Huard, qui jette cinq francs au
cocher et crie à Catherine :

— Gagné! A bas l'enseigne du gueux! A
bas l'enseigne du voleur! Vivent les juges!
Sous huit jours il faut que le fripon fasse enlever tout cela.

De la seconde voiture, descendit Verduron,
pâle, brisé, désespéré.

— Poule mouillée, lui dit sa femme, est-ce que, pour un échec, tu vas quitter la partie ? Tu as perdu la première, mais je vais t'en faire gagner une seconde qui vaudra mieux. En achevant ces paroles elle marcha droit à la porte de Huard, et, interpellant trois voisins accourus près de l'épicier pour lui entendre conter son procès gagné, elle les emmena à l'écart :

— Messieurs, leur dit-elle, cet homme vient d'appeler mon mari fripon, gueux et voleur. Vous allez venir en faire avec moi la déposition chez le commissaire. Le procès-verbal dressé, vous dînerez avec mon mari pour tâcher de le distraire un peu.

Les voisins suivirent madame Verduron, qui, sans même prendre le soin d'envelopper d'un châle ses épaules, emmena les témoins chez le commissaire, où elle établit les bases d'un procès en diffamation.

Huard qui ne soupçonnait pas le coup dont ses ennemis le menaçaient, se livra sans ménagement comme sans réserve, aux transport de joie que lui causait sa victoire. Il y eut grand festin chez lui, et le soir, lorsque les convives quittèrent la table pour regagner leur logis, plus d'une parole agressive, plus d'une injure, apostrophèrent le rival de Huard, imprudences auxquelles par malheur Catherine et son mari mêlèrent leurs voix. Madame Verduron recueillit précieusement ces nouveaux griefs constatés par de nombreux témoins, et le lendemain elle en grossit la plainte en diffamation déjà déposée chez le procureur du roi.

Quatre jours après, des ouvriers dressèrent leurs échelles contre la façade de Verduron, et commencèrent à effacer de l'enseigne les mots réprouvés par arrêt. Cette exécution terminée, ils couvrirent le Tonneau d'Or d'une couche de jaune éclatant, tandis que Huard et sa femme, accourus, à cette vue, sur le seuil de leur boutique, s'étonnaient d'une si prompte résignation au jugement rendu, puisque l'arrêt accordait huit jours à Verduron. Sur ces entrefaites, un homme entra dans la boutique et demanda :

— Monsieur Huard.

— C'est moi, monsieur.

— En ce cas, je vous prie de recevoir et de signer le reçu de la présente assignation à comparoir le 28 courant, par-devant le tribunal correctionnel de Paris, deuxième chambre, pour y répondre à une plainte en diffamation portée contre vous par le sieur Verduron, dont exploit, etc.

Nous ne suivrons point les deux anciens associés dans les agitations de ce nouveau procès qui dura huit mois, alla jusqu'en cassation et coûta près de dix mille francs à chacun des plaideurs. Nous dirons seulement que Huard et Catherine furent condamnés à cinquante francs de dommages et intérêts envers la partie civile, aux frais du procès, à l'impression de cinquante affiches du jugement et à huit jours de prison.

Huit jours de prison à un vieux soldat de l'empereur! huit jours de prison à sa femme!

sa femme, son orgueil et sa joie! Et une double affiche placardée à sa porte qui les dé-clare diffamateurs! La mort ne serait-elle pas préférable? Oh! il se vengera! Si Verduron n'est pas un lâche, l'un des deux paiera de sa vie tant de malheurs et tant d'humiliations. Il faut du sang, il en faut!

Il courut à son bureau et écrivit de sa grosse écriture incorrecte le billet sui-vant :

« Si le sieur Verduron n'est pas un lâche,
« je l'attends demain à six heures du matin
« au bois de Vincennes avec deux témoins.
« Je lui laisse le choix des armes.

« PIERRE HUARD. »

Il envoya cette lettre à son ancien associé ;

au bout d'une heure il reçut la réponse sui-
vante :

« Après avoir consulté mes témoins, an-
« ciens militaires et qui signent avec moi cette
« lettre, je déclare que je ne me battrai point
« avec un repris de justice et un diffamateur.

« CÉSAR VERDURON,

« JACQUES CORMANT, *ancien militaire.*

« FRANÇOIS LAMBELIN, *ancien militaire.* »

A la lecture de cette lettre, Huard tomba
sans connaissance, et il fallut le transporter
dans son lit, où le retint durant un mois une
fièvre violente, accompagnée de délire.

Catherine, durant cette longue maladie,
ne quitta point le chevet de son mari ; Catherine elle-même, frappée à mort par l'arrêt
qui la condamnait à la prison ; Catherine de-

venue pâle et chétive; Catherine, qui ne gardait plus de sa beauté d'autrefois que deux grands yeux noirs, brillants de je ne sais quelle étrange et sinistre clarté. Jamais un sourire n'entr'ouvrait ses lèvres; jamais une parole qui ne fût pas indispensable ne sortait de sa bouche, jadis si joyeusement bavarde. Toujours plongée dans un abattement profond, on aurait dit d'un cadavre qui se mouvait par des moyens factices, et non pas une créature vivante. Parfois elle tressaillait de tous ses membres sans qu'aucun bruit ne causât ces soubresauts; parfois une toux âcre sortait en sifflant de ses lèvres qu'elle ensanglantait. Huard attribuait de tels symptômes à la fatigue qu'il lui avait causée, durant sa maladie; mais quand il disait cela, Catherine levait les yeux au ciel, et secouait doucement la tête : car elle ne le sentait que trop : l'arrêt fatal l'avait frappée à mort.

Comment voudriez-vous qu'elle survécût à un pareil malheur? Peut-elle mettre le pied dehors sans qu'on la regarde d'une manière étrange; sans que l'on répète tout bas, autour d'elle, avec des sourires plus funestes que le poignard le plus acéré : « Condamnée à la prison! » Elle ne peut plus ni paraître dans sa boutique ni même respirer l'air à sa fenêtre ; aussitôt elle a devant les yeux l'affiche qui proclame son déshonneur; l'affiche placardée à la porte de Verduron, et sur laquelle ce dernier veille nuit et jour; l'affiche où chaque passant lit :

JUGEMENT

QUI CONDAMNE A HUIT JOURS DE PRISON,

AUX FRAIS DU PROCÈS,

Et à cinquante francs de dommages-intérêts envers le sieur Verduron,

PIERRE HUARD ET CATHERINE LABLÉE, sa femme,

COMME DIFFAMATEURS.

Heureusement Dieu l'a prise en pitié! Elle

le sent, il l'appellera bientôt vers lui! Le jour où elle mourra sera un jour trois fois béni; il n'y a plus, pour elle, sur la terre que honte et désespoir.

Depuis quelques jours Huard avançait dans sa convalescence, et se livrait machinalement à ce bien-être animal que l'on éprouve lorsque la nature régénère un corps longtemps affaibli et brûlé par une maladie grave. Manger, respirer un air pur, se chauffer au soleil, deviennent alors des joies mystérieuses et infinies devant lesquelles s'effacent les regrets du passé et les soucis de l'avenir. On vit ou plutôt on végète dans l'instant présent; rien de plus.

Huard, assis près d'une fenêtre que dorait joyeusement un chaud rayon du soleil, commençait à déjeûner et convoitait une aile de poulet; aile blanche et alléchante s'il en fût, que Catherine détachait trop lentement au gré du convalescent. Son œil brillait, ses lèvres s'entr'ouvraient par un mouvement d'impatience, et ses narines humaient en se dilatant les parfums voluptueux de l'exquise volaille. Il ne prenait point garde à la pâleur et au dépérissement de sa femme : il ne se souvenait plus ni de Verduron, ni de rien au monde. Son unique pensée ou plutôt son unique sensation, c'était de manger : c'était de satisfaire la faim qui le chatouillait : c'était de porter à sa bouche ces mets vers lesquels il tendait une main tremblante et que Catherine plaçait enfin devant lui. Il dévorait les premiers morceaux; il s'épanouissait au bien-être qui parcourait tous ses membres... quand un homme de loi, suivi de quatre gendarmes, entra tout droit dans la chambre.

— Monsieur, dit cet homme, je suis chargé d'exécuter l'arrêt qui vous condamne à huit jours de prison, ainsi que Catherine Lablée, votre femme. J'espère que vous me suivrez sans résistance tous les deux, et que par là vous adoucirez ce que ma mission a de pénible.

A la vue de l'huissier et des gendarmes, Huard laissa retomber le morceau qu'il portait à sa bouche; il écouta stupidement ce qu'on lui disait et ne répondit point.

Catherine était tombée sur un fauteuil qui se trouvait derrière elle.

— Monsieur, reprit l'huissier ému de cette scène, pour donner l'exemple du courage et de la résignation à madame, venez, suivez-moi; soyez sûr que l'on aura pour elle tous les égards possibles.

Huard se leva machinalement et suivit l'homme de justice; ce dernier le fit monter dans une voiture qui l'attendait à la porte. Deux gendarmes se placèrent à côté du pauvre convalescent, et le fiacre se dirigea vers la Conciergerie sans que Huard eût pris garde à la foule assemblée devant sa porte, et même à Verduron, accouru pour jouir de la honte de son ennemi.

L'huissier remonta dans la chambre, où il avait laissé Catherine. Il la trouva dans la même attitude que tout-à-l'heure, c'est-à-dire affaissée sur elle-même et la tête penchée.

— Madame, lui dit-il, montrez un peu de force et de courage!

Elle ne répondit point.

— Au nom du ciel! ne vous exagérez pas l'importance de tout ceci.

Elle ne répondit point.

Alors il voulut lui prendre la main. Cette main était froide, et, au léger mouvement qu'il lui imprima, Catherine tomba du fauteuil et vint rouler aux pieds de l'huissier.

— Que veut dire ceci? s'écria-t-il. Mon Dieu! elle reste sans mouvement. On dira i un cadavre! Vite, un médecin! allez chercher un médecin.

Le médecin arriva un quart d'heure après.

— Cette femme est morte! dit-il.

Silencieusement assis près d'une fenêtre de la prison, Huard regardait, sans voir, à travers cette fenêtre sombre et garnie de fer. Son esprit, malade et stupéfié par tant de secousses brusques, n'en était point encore venu, depuis trois ou quatre heures, à la perception nette de ce qui lui était arrivé. Il restait là, plongé dans l'engourdissement produit par la faiblesse de son cerveau et le vide de son estomac ; engourdissement inquiet et semblable à ces rêves fiévreux auxquels viennent se confondre des bruits véritables. Réunissant ainsi les agitations de la réalité aux prestiges du sommeil, les gendarmes, les huissiers, Verduron, Catherine évanouie, les murs noirs qui le tenaient prisonnier, tout cela tournoyait pesamment autour de son cerveau sans ne lui laisser jamais entrevoir que des formes indécises et confuses. C'était une fatigue douloureuse, c'était

ce malaise accompagné de battements irrégu-
liers du cœur et qui causent une souffrance
à chaque fibre nerveuse du corps entier.

Vers le milieu de la journée, la porte de
la prison s'ouvrit et l'huissier chargé de l'ar-
restation de Huard entra pâle et avec une de
ces expressions de physionomie qui ne pré-
sagent que de sinistres nouvelles.

— Monsieur Huard, dit-il, voici un ordre de
M. le procureur général qui vous auto-
rise à retourner provisoirement chez vous.

Huard leva la tête et regarda l'huissier qui
reprit : il vous faudra du courage, car de
grands chagrins vous attendent à votre retour.

Huard ricana.

— Votre femme, continua l'huissier, est

fort malade, et l'on éprouve de graves inquiétudes pour elle. Venez, monsieur Huard,
venez.

Huard ne comprenait pas encore.

— Votre femme (montrez-vous fort et ré-
signé comme un ancien militaire que vous
êtes), votre femme n'est plus, elle est morte
depuis ce matin.

Huard se leva, marcha jusqu'à l'huissier
et passa son bras autour de celui de l'homme
de justice. Il descendit de la prison, donna
les signatures qu'on lui demandait au greffe,
prit place dans le fiacre avec l'huissier, qui
n'eut point le courage de l'abandonner dans
une crise si terrible, et arriva chez lui sans
avoir proféré une syllabe.

Vous savez le désordre qu'amène la mort
d'une personne dans la maison où elle rend

d'une personne dans la maison où elle rend le dernier soupir. Une désorganisation complète se fait autour du cadavre; désorganisation presque aussi terrible à voir que celle de la mort elle-même. Pas un objet ne reste en place ; tout se mêle et se confond ; chacun va et vient sans but; l'ange du trépas, en s'envolant, semble avoir frappé chaque chose d'un coup de son aile. Aussi, le pauvre Huard ne paraissait-il pas reconnaître sa propre habitation. Néanmoins, après avoir hésité quelques moments, il marcha droit au lit de Catherine, qui gisait là le visage recouvert d'un drap.

Arrivé au lit, il tira doucement le linceul, et considéra sans émotion apparente les traits immobiles de sa femme. Ensuite il prit une chaise, s'assit et fit signe à chacun de s'éloigner.

Lorsque l'inquiétude, après deux longues

heures, ramena dans la chambre mortuaire
ceux que Huard en avait fait sortir, ils le
trouvèrent accoudé sur une table chargée de
bouteilles : il était complètement ivre. Pour
la première fois de sa vie pareille chose
lui arrivait : chacun s'en étonna. Mais ce
qui produisit une surprise bien plus grande
encore, ce fut de le voir, le lendemain matin,
paraître à l'enterrement de sa femme, dans ce
même état d'ivresse; en effet, depuis ce jour
fatal, Huard ne cessa point de se soustraire à
lui-même en s'enivrant. Les efforts et les soins
de ses amis les plus dévoués ne purent obte-
nir de lui qu'il renonçât à ce funeste moyen
d'oublier ses douleurs; en vain lui représen-
tèrent-ils combien, par une telle conduite, il
compromettait ses affaires; Huard les écoutait attentivement; deux larmes coulaient sur
ses joues; puis un instant après il recommen-
çait à boire.

Le commerce d'Huard se vit donc abandonné, sans direction et sans surveillance, au gaspillage de cinq ou six garçons qui trouvaient fort commode de s'approprier une partie des ventes qu'ils faisaient dans la journée et que ne constatait aucun contrôle. Verduron saisit avec habileté les moyens de s'attirer la clientelle d'Huard, moyens que ce dernier fournissait lui-même à son ennemi. A mesure que le magasin de son ancien associé s'appauvrissait, Verduron approvisionnait le sien avec plus d'abondance : l'on trouvait chez sa femme tant de politesse et de cajolerie, elle savait si bien gagner la bienveillance par de légères concessions de prix faites à propos, que personne n'hésitait à venir chez elle et à quitter la boutique de Huard, où l'on ne trouvait que des garçons malhonnêtes et insoucieux.

Aussi, vous le comprenez, la ruine de Huard marcha vite : il lui fallut déposer son bilan, huit mois après la mort de Catherine. Il subit ce malheur et cette honte sans une plainte, sans une souffrance apparente. Un matin, il sortit de chez lui pour n'y plus rentrer, ivre comme de coutume, et une bouteille d'eau-de-vie dans sa poche. La justice, dès-lors, s'empara de la maison et du magasin; elle put afficher, en toute liberté, les annonces d'expropriation forcée; rien ne troubla la vente à l'encan du mobilier et des marchandises saisis « chez le banqueroutier, » comme disait Verduron et sa femme.

Car Verduron et sa femme triomphaient hautement de tous les malheurs de Huard et s'en réjouissaient sans pitié comme sans retenue. Loin de respecter ce malheureux brisé à leurs pieds et par leurs pieds, ils insultaient à sa chute et mettaient une cruelle ostentation à s'approprier ses dépouilles. Ainsi, non-seulement ils achetèrent la maison de Huard pour en faire une succursale de leur magasin, mais encore ils voulurent acquérir la plupart de ses meubles, afin de s'en ériger d'odieux trophées. « Ce n'est point pour notre propre usage, disait madame Verduron en faisant briller les diamants de ses bagues : à Dieu ne plaise que nous nous servions de pareilles guenilles ! Nous mettrons tout cela dans les chambres de nos domestiques et de nos garçons ; encore faudra-t-il les faire nettoyer longuement. Quant aux marchandises d'épiceries, que diriez-vous, mes voisins, si vous trouviez chez moi des fournitures de si mauvaise qualité ? Mon Dieu ! peut-on voler le monde comme le faisaient ces gens-là !

Et l'on riait de ces infâmes propos, car madame Verduron était riche et heureuse, tandis que le pauvre Huard, sans asile, sans pain peut-être, errait dans son état d'ivresse habituelle, si toutefois il lui restait encore quelques sous pour acheter de l'eau-de-vie et s'enivrer.

Quand la vente à l'encan fut terminée à la nuit close, chacun rentra chez soi, les uns pour faire leur toilette et venir souper chez Verduron qui réunissait à sa table la plupart de ses voisins ; les autres pour deviser, au coin du feu, des événements de la journée et de la grande fortune de l'ex-associé de Huard.

Alors parut un homme qui semblait avoir épié le départ de la foule pour venir errer dans cette partie du Temple. Il paraissait craindre

qu'on le reconnût; mais, certes, personne n'a-
vait pu reconnaître, dans un misérable si dé-
guenillé, l'ancien propriétaire du *Tonneau d'Or*,
dont les vêtements étaient jadis toujours dis-
posés avec une tenue militairement sévère.
Sa tête, sans chapeau, laissait voir des cheveux
en désordre; il ne lui restait plus que des débris mal ajustés de redingote et de pantalon;
enfin, faute d'argent, depuis le matin, il
n'avait point bu. Alors le remords, le désespoir, le sentiment de son malheur étaient
venus l'assaillir avec d'autant plus de violence que, longtemps, il avait lutté contre
eux, à force d'ivresse et d'abrutissement. Jugez
des idées affreuses qui sifflaient autour de sa
tête.

Il s'arrêta devant la maison qui, naguère,
était encore à lui; devant cette maison acquise
au prix de tant de privations et de sueurs. Là,

tremblant, le cœur brisé, les genoux défaillants, il souffrit tout ce 'qu'un homme peut souffrir sur la terre.

Des cris de joie le tirèrent de cette contemplation douloureuse; les cris partaient de la maison de Verduron; car, on le sait, Verduron réunissait à souper, chez lui, un grand nombre de convives, et il avait fait dresser les tables dans sa boutique même. De la sorte, l'infortuné Huard ne perdait ni la moindre de leurs paroles, ni la moindre de leurs gaietés.

C'était Verduron qui parlait :

— Mes amis, disait-il, il nous faut boire à ma nouvelle acquisition. Il faut arroser ma nouvelle enseigne, car, à présent, le *Tonneau d'Or* m'appartient; il n'y a plus de procès qui puisse m'empêcher de dresser fièrement le *Tonneau d'Or* au-dessus de ma porte.

— *Vive le Tonneau d'Or!* crièrent les convives.

— César, reprit madame Verduron, César, écoute : pour boire au *Tonneau d'Or*, il faut du vin du *Tonneau d'Or*. L'ivrogne se connaissait en bon vin, tu le sais!... Prends un panier, et va toi-même nous chercher ce que cette canaille de Huard avait de meilleur.

— Bravo! ma femme.

— Bravo! bravo! répétèrent les convives.

— Il faut obéir à son capitaine! fit Verduron, saluant sa femme à la manière des soldats; il faut obéir à son capitaine, répéta-t-il avec complaisance, d'autant plus que l'idée me paraît bonne.—Par le flanc droit, droite; par file à gauche, pas accéléré, marche !

C'était une horrible parodie des plaisanteries militaires que faisait jadis Huard quand il était riche et dans ses jours de belle humeur.

— Voulez-vous que j'aille avec vous, maître, je rapporterai le panier ? demanda l'un des garçons de Verduron.

— Pour me secouer le vin, n'est-ce pas ? Non, je ne veux m'en rapporter qu'à moi seul d'un soin si important! Femme, donne-moi les clés, et toi, Charles, une lanterne!

Il sortit, traversa la rue, ouvrit la porte de l'ancienne maison du *Tonneau d'Or* et se dirigea vers la cave.

Tout-à-coup, la porte de la rue qu'il avait laissée ouverte derrière lui se referma brusquement.

A ce bruit inattendu, qui le fit tressaillir, Verduron éprouva une vague terreur et se sentit prêt à retourner sur ses pas; mais, rassuré bientôt par un moment de réflexion, il continua son chemin en souriant de sa courte émotion.

— Tiens, dit-il, cela est drôle... La porte se referme toute seule!.... il ne faisait pourtant point de vent quand j'ai passé dans la rue. Sans s'arrêter davantage à cet incident, il descendit les marches de la cave et se mit à chercher les vins les plus exquis pour en remplir son panier.

Quand il eut fini et qu'il releva la tête, il se

trouva face à face avec Huard, debout devant lui et une bouteille dans chaque main.

Verduron ne put s'empêcher de pâlir.

— Diable ! voisin, fit-il en affectant une gaieté bien loin de lui, il paraît que vous n'avez point oublié la bonne route. Allons ! allons, soyez sans crainte, je ne me fâcherai point pour cette fois ; mais ne recommencez plus. Emportez les bouteilles que vous tenez. Demain je ferai changer les serrures.

Huard, sans lui répondre, mit à ses lèvres l'une des bouteilles qu'il tenait et but longuement et tant qu'il le put. Puis il se reprit à regarder fixement Verduron.

Celui-ci, mal à l'aise et qui ne voyait aucun autre moyen de se soustraire à un tête-à-

tête si peu rassurant, fit un geste pour re-
pousser Huard. A la vue de la sinistre face de
cet homme, les forces lui manquèrent.

Huard reprit sa bouteille et acheva de la
vider.

— Mon ami, balbutia l'autre, ma femme
et mes convives m'attendent; laissez-moi
partir. Inquiets de mon absence, ils vont arriver, et, s'ils vous trouvent ici, l'affaire peut
devenir mauvaise pour vous.

Huard, dont l'ivresse empourprait déjà le
visage naguère si pâle, vida d'un seul trait la
seconde bouteille qu'il tenait.

Alors ses yeux s'allumèrent et un mouvement nerveux tourmenta tous ses membres.

Verduron fasciné se mourait d'effroi, et pourtant il ne pouvait détacher ses yeux de dessus les yeux de Huard.

— Ah! ah! dit enfin le terrible ivrogne; ah! ah! votre femme vous attend! La mienne aussi m'attend, Verduron; elle m'attend où tu l'as envoyée. Viens-y avec moi.

— Au secours! à l'aide! cria le malheureux.

Un bruit de pas et de voix se fit entendre dans la rue.

Huard alla tirer les triples verroux de l'énorme porte qui fermait la cave; puis il revint se placer devant Verduron.

— Catherine nous attend; partons, mon associé.

—Grâce! Huard, grâce!

A cet instant, l'on entendit grincer dans la serrure de la porte intérieure les crochets qu'y introduisait un serrurier. Cette porte s'ouvrit bientôt, et ceux qui cherchaient Verduron se précipitèrent dans la maison et accoururent vers la cave.

— Catherine nous attend! répéta Huard. Et il asséna sur la tête de Verduron un coup si violent de la bouteille qu'il tenait, que l'autre tomba de son long.

Mais le désespoir et l'imminence du péril lui rendirent de la force. Il se releva avec impétuosité, se jeta sur Huard, le saisit à bras le corps, et une lutte commença entre ces deux hommes. On les entendait hurler des imprécations, pousser des cris de douleur ; se jeter sur des monceaux de bouteilles qu'ils brisaient, et dont les débris tranchants couvraient leurs corps de blessures. Pour ceux qui s'efforçaient au dehors d'enfoncer la porte, c'était quelque chose d'épouvantable que ces clameurs étranges, que ces flots de vin et de sang qui coulaient sous la porte et venaient baigner leurs pieds.

Après cinq ou six minutes le bruit cessa.

Puis on entendit un des combattants se relever avec effort et se traîner vers la porte dont il tira les verroux.

—César! César! s'écria madame Verduron; César! Et, courant au-devant de celui qui sortait, elle se trouva dans les bras de Huard sanglant, et qui se mit à rire comme doivent rire les démons.

Livré à la justice, Huard fut trouvé mort le lendemain dans son cachot. Le médecin chargé de constater le décès du prisonnier, déclara que cet homme était mort d'une fièvre cérébrale.

Ici, Peyraicave s'interrompit un moment, et laissa quelques instants, sa femme respirer de tant d'émotions.

— Verduron, reprit - il ensuite, avait un fils. Ce fils auquel il a laissé une grande fortune, a perdu sa mère de bonne heure, et reçu une éducation brillante : il se nomme aujourd'hui le baron Verduron de Mandelle, grâce à une terre qu'il a érigée en majorat, à l'époque de sa majorité.

En ce moment, la porte de l'atelier

s'ouvrit. C'était précisisément les deux victimes
que les époux immolaient à leur causticité :
l'élégant et riche Ernest Verduron de Mandelle
et le docteur Peters Kreischmann de Manheim.

II.

REPRÉSAILLES.

Claire, la petite-fille de Peyraicave, qui jouait dans un coin de l'atelier, accourut au devant du docteur dès qu'elle eut vu cette figure se montrer à la porte.

— Monsieur Kreischmann! voici monsieur

Kreischmann! s'écria-t-elle avec joie : et elle s'empara du chapeau et de la canne du docteur pour bien s'assurer qu'il ne s'en irait point de suite.

Le docteur se laissa faire en souriant; il prit dans ses bras sa jolie espiégle et fit retentir deux baisers sonores sur les grosses joues fraîches de l'enfant.

— Voyons, dit-il, de quelle maladie souffre Claire.

— Devinez ? s'écria-t-elle, devinez, savant docteur !

— Elle manque d'appétit; ses joues sont pâles, son pouls annonce la fièvre... Vite, vite... à la diète et à la tisanne! continua-t-il en plaisantant, *purgare* et *seignare*, comme dit Molière.

— Oh ! le beau docteur, interrompit-elle rieuse et triomphante : il n'entend rien à ma maladie. J'ai faim, docteur, et le déjeûner se fait bien attendre. Si vous traitez ainsi les enfants, vous devez bien en faire mourir. Je ne veux plus de vous pour médecin.

A ces mots, le docteur devint pâle, comme un trépassé dans son suaire. Des perles de sueur apparurent sur son large front, et une larme mouilla ses yeux. Peyraicave se hâta de dire :

— Vous venez déjeûner avec nous, n'est-ce pas, docteur ? Vite, chère Louise, fais mettre deux couverts de plus.

— Je viens en effet déjeûner avec vous, répondit Kreischmann, déjà remis de sa courte émotion.

— Quant à moi, j'ai déjeûné, répliqua Ernest. En passant, j'ai vu, arrêtée devant votre porte, la voiture du docteur; j'ai fait également arrêter la mienne et je suis monté aussitôt.

— Ernest a devancé d'une heure la visite qu'il me fait chaque jour, s'écria Peyraicave : et cela pour presser la main du docteur. Vous allez voir qu'il ne tardera point à se passionner pour la médecine comme il l'a fait pour la peinture, ajouta-t-il malicieusement. Il ira s'installer quotidiennement, une partie de la journée, chez Kreischmann, ainsi qu'il le fait chez moi depuis un an, excepté quand une intermittence amoureuse ou quelque crainte de maladie me le rendent infidèle.

Le docteur ôta brusquement, de dessus ses

genoux, la petite Claire et ouvrit machinalement la fenêtre de l'atelier.

— Voilà un docteur bien avisé, dit en bouf-
fonnant Peyraicave, il veut se créer des mala-
des et se gagner des honoraires. Je suis sûr
qu'il manque de besogne en ce moment. Mais,
malheureux, fermez donc la fenêtre. Le vent
et le froid, le soleil et la chaleur, —peu importe, —vont causer une fluxion de poitrine,
vieux style, à ce pauvre Ernest, qui se trouve
entre deux airs. Ernest, couvrez-vous avec
plus de soin ?

Ernest de Mandelle, en effet, s'était hâté
de boutonner sa redingote et de s'éloigner du
courant d'air.

— Décidément, continua Peyraicave avec
sa hardiesse ordinaire de langage, décidément

la guerre est déclarée entre l'Allemagne et la France. Les puissances Kreischmann et Ernest croisent la baïonnette l'une contre l'autre. Mandelle est un audacieux adversaire et s'entend à faire le siége d'une citadelle; il braque sur elle l'artillerie de son lorgnon avec un art redoutable; mais Kreischmann sait comment on fait une résistance victorieuse. Hier soir, certaine personne a dû admirer la lutte qui s'est engagée, pour elle, entre ces deux adversaires. Chacun a bien mérité de la patrie!

Pendant ces paroles de l'artiste, une vive contrariété s'était amassée sur le front soucieux du médecin, et un léger embarras colorait les joues d'Ernest.

— Il est amoureux fou de votre pupille, ajouta l'indiscret artiste. Gare à vous, magicien, le chevalier libérateur s'avance!

— Allons nous mettre à table, interrompit le docteur contrarié jusqu'à la colère.

Par malheur, on ne faisait pas facilement lâcher prise à Peyraicave une fois qu'il s'était accroché, de ses dents de bouledogue, à une taquinerie; il continua sans pitié :

— C'est un mariage auquel il faut vous résoudre, docteur.

Le docteur Kreischmann, qui se dirigeait vers la salle à manger, se retourna tout-à-coup vivement, s'arrêta sur le seuil, croisa ses bras sur sa poitrine, et porta vers Ernest ses yeux flamboyants.

— Mon cher Peyraicave, dit-il d'une voix étouffée par l'émotion, je ne souhaiterais pas d'autre malheur à mon plus grand ennemi que d'aimer Blanche.

— Othello ! Othello ! très-bien ! très-bien ! répliqua l'incorrigible railleur en battant des mains.

Le docteur sourit amèrement.

— N'est-ce pas que j'ai été beau et que j'ai produit de l'effet ? se hâta-t il d'ajouter, comme s'il regrettait de s'être laissé aller à parler plus sérieusement qu'il ne l'aurait voulu. Allons, trève de folies, et servez-moi une de ces délicieuses côtelettes que madame Peyraicave ne manque jamais de préparer elle-même, afin de complaire à son gourmet de mari.

Malgré les efforts de la maîtresse du logis pour ramener la gaieté parmi ses convives inprovisés, le déjeûner se passa tristement et sous l'influence de la contrainte. Les plaisanteries de Peyraicave ne trouvaient pas d'écho ; elle tombaient sans atteindre leur but. Le docteur et Ernest se sentaient mal à l'aise l'un envers l'autre et maudissaient tout bas les bavardages indiscrets du peintre. L'un regrettait de voir ses projets découverts, l'autre d'avoir trahi la crainte que lui inspiraient ces projets. La préocupation du médecin se trahit par les paroles qu'il adressa à la petite Claire en la tapotant sur la joue :

— Dépêche-toi d'être malade, car tu n'auras point ton médecin, cet été.

— Vous songez à voyager ? demanda madame Peyraicave.

— Et peut-être même à quitter la France.

— Il veut enlever Blanche à Ernest! s'écria Peyraicave, que le mécontentement causé à ses amis, par ses plaisanteries, rendait encore plus âpre et plus provocant.

— C'est en effet pour elle que j'entreprendrai mon voyage, affirma le médecin d'un ton qui coupa court, cette fois, à un sujet de conversation si peu agréable pour lui.

Madame Peyraicave se hâta de ramener l'entretien vers d'autres idées, et le docteur s'empressa de marcher dans la voie nouvelle qu'on lui ouvrait.

— Ma première visite ce matin a été pour Mademoiselle Marianne de Selvignies, dit-il. Je l'ai trouvée fort souffrante et je crains pour elle une maladie.

— Quelle peut être la cause d'une indisposition aussi subite?

— La cause? Demandez à un jardinier pourquoi la plupart des fleurs s'étiolent dans une serre chaude? Marianne devrait être encore une enfant, occupée de jeux, comme Claire. On en a fait une jeune personne raisonnable, grave et sensible, comme elle ne devrait même pas l'être à vingt ans. Gardez-vous de donner cette funeste éducation à votre fille, madame, interrompit-il en se tournant vers la femme de l'artiste. Gardez-vous-en! On veut faire de son enfant une merveille et on en fait un cadavre.

— Il maîtrisa par une violente et impérieuse contraction les larmes qui brillaient dans ses yeux.

— Je crains pour Marianne un fièvre nerveuse ; je l'ai vue dans une exaltation extrême. Quant à son père, depuis huit jours qu'il craint une indisposition pour sa fille, on ne peut voir sa désolation sans une profonde pitié. Dieu la lui conserve !.. Bénissez Dieu, madame, vous ne connaissez pas la plus affreuse de toutes les douleurs, celle qu'on éprouve au lit de mort de son enfant.

Il se leva par un mouvement convulsif et ouvrit de nouveau la fenêtre.

— Allons, encore une nouvelle tentative contre les jours d'Ernest! dit Peyraicave en cherchant à combattre, par une facétie, l'émotion qui commençait à le gagner lui-même : Boutonnez donc votre redingote, mon ami ; voici la seconde fois que je vous le recommande.

— M. de Mandelle suivit ce conseil comme s'il n'eût pas été dicté par l'ironie, et plaça son mouchoir devant ses lèvres.

En ce moment la sonnette de la porte tinta violemment.

— M. de Selvignies n'est-il point ici? demanda la voix bien connue du domestique d'Anselme.

Madame Peyraicave se hâta d'aller répondre elle-même à cette question et demanda des nouvelles de Marianne.

— Mademoiselle Marianne nous inquiète beaucoup, répondit le valet-de-chambre: elle appelle à grands cris son père; monsieur, qui est sorti ce matin sans prévenir personne, contre son habitude, ne rentre pas. Mademoiselle pleure, se désole et prétend qu'il est arrivé quelque malheur à monsieur. J'ai pris alors la résolution d'aller d'abord Monsieur le docteur, qui pourtant sort de la maison, et puis je suis venu ici dans l'espérance d'y rencontrer mon maître dont l'absence, je l'avoue, m'étonne en un pareil moment.

Le docteur prit son chapeau et sa canne.

— Je vais vous acompagner, mon ami, lui dit Peyraicave. Pour qu'Anselme ne se trouve pas près de sa fille malade, il faut qu'il lui soit survenu quelque accident.

Il embrassa sa femme à la hâte et monta avec Kreischmann dans la voiture de ce dernier. Les chevaux partirent presque au galop.

Dix minutes après, le docteur et le peintre.

entraient dans la chambre de la jeune fille. A son agitation fiévreuse, avait succédé un abattement profond. Les yeux convulsivement fermés, elle ne semblait ni voir ni entendre le docteur et son compagnon. Mon père! mon pauvre père! s'écria-t-elle tout-à-coup, en se débattant; puis elle retomba.

Comme elle! comme elle! murmura le docteur.

Il prit la main de la malade, fit signe aux domestiques de sortir, et resta seul avec le peintre. — Marianne! dit-il d'une voix douce.

— Mon père! allez au secours de mon père!

— Votre père ne saurait tarder à rentrer : ne vous laissez pas aller ainsi, et sans motif, à une exaltation dangereuse.

— Mon père! mon père! sauvez mon père!

— Dieu veuille que ces pressentiments soient des illusions, et non la réalité, dit le docteur en quittant la main de Marianne.

Il alla interroger les domestiques.

— Je ne sais à quelle heure monsieur est sorti de chez lui, répondit le valet de chambre; c'est au milieu de la nuit qu'il a dû quitter la maison; l'état de son lit annonce qu'il ne s'est point couché.

Le concierge fut plus explicite: il raconta qu'une femme, qu'il n'avait point vu entrer, était descendue seule dans la nuit. Quelque temps après, un homme était monté, et avait insisté pour parler sur-le-champ à M. de Selvignies. Comme les manières de l'inconnu annonçaient de la distinction, le concierge avait fini par céder, et avait conduit l'étranger jusqu'au haut du petit escalier. Là, après s'être assuré que M. de Selvignies avait reçu le mystérieux personnage, et qu'il s'entretenait avec lui à voix basse, le concierge était retourné dans sa loge. M. de Selvignies, lui-même, était sorti accompagné de l'étranger, peu d'instans après : bientôt le bruit d'une voiture qui s'éloignait s'était fait entendre.

— Voulez-vous m'en croire, mon ami, tout cela cache quelque mystère, dit le docteur à Peyraicave. Des relations d'amitié vous unissent au préfet de police ; courez chez lui, faites-lui part de vos craintes ; on se mettra à la recherche d'Anselme. Une heure suffira pour vous rendre chez le préfet et nous tirer d'incertitude ; allez. Je vais m'asseoir près de Marianne.

Il passa dans la chambre de la jeune fille. Son agitations et son délire n'avaient point cessé encore.

— Mon père! mon père!.. mort! mort!... O ma mère! ma mère! disait-elle, ne partez pas tous les deux ; restez !

— Ne perdez pas un instant; allez, mon ami.

Peyraicave s'élança sur un cheval avec la légèreté d'un jeune homme, piqua des deux, et ne tarda point à arriver chez le préfet de police. Il le trouva inquiet et attristé.

— Vous savez donc déjà, s'écria-t-il en apercevant Peyraicave, le malheur qui est arrivé à notre pauvre Anselme. On vient de trouver son corps dans les plaines de Montfaucon.

Eperdu de surprise et de douleur, Peyraicave remonta à cheval et arriva bientôt dans les plaines de Montfaucon. Un commissaire de police, entouré d'une foule nombreuse, verbalisait près d'un cadavre. Le peintre perça le cercle des curieux, et jeta un cri d'effroi. Ce cadavre était celui d'Anselme ; un coup de feu lui avait percé d'outre en outre la poitrine. La mort avait dû être instantanée.

Peyraicave, à la vue des restes de son ami, ne put retenir ses sanglots. Il raconta à l'officier de police la sortie matinale d'Anselme et les inquiétudes que sa disparition avait causées. Il n'omit rien des révélations faites par le concierge.

On termina la lugubre enquête sans constater d'autres incidents que la rencontre du corps, déjà glacé, derrière un des mamelons de ces lieux sauvages, et la trouvaille d'un portefeuille que le peintre reconnut appartenir à Anselme. On avait arraché une portion de ce portefeuille; des voleurs avaient sans doute commis le crime. Il restait à comprendre comment Anselme avait quitté sa fille pour venir, la nuit, s'égarer dans les plaines fangeuses de Montfaucon?

Au moment où Peyraicave se disposait à faire enlever le cadavre et à le ramener à Paris, les agents de police qui habitaient les environs, amenèrent un homme qu'ils venaient d'arrêter, et dans les poches duquel on avait trouvé une bourse et une montre appartenant évidemment à Anselme. La montre, que reconnut d'ailleurs le peintre, portait, émaillés sur la boîte, les chiffres A. D. On crut avoir trouvé l'assassin ou un de ses complices. Cet homme avoua qu'il avait fouillé le cadavre, et qu'il s'était emparé de ses bijoux et de sa bourse; mais il prouva qu'une heure à peine s'était écoulée depuis sa sortie de prison. Or, les papiers qu'il exhiba et les renseignements qu'on prit attestèrent que ce misérable ne pouvait être le meurtrier d'Anselme, mort depuis six heures au moins, comme il résultait de la déclaration des chirurgiens appelés.

Une partie de la soirée s'écoula dans ces tristes débats. La nuit était close quand Peyraicave put ramener à Paris le corps de son ami. Il trouva le docteur qui l'attendait sur le seuil de la maison.

— Le délire de Marianne a cessé enfin; elle dort maintenant d'un sommeil paisible; c'est l'effet d'une potion calmante que je lui ai fait prendre.

— Hélas! répondit Peyreicave en montrant le triste convoi qui l'accompagnait, les pressentiments de la pauvre jeune fille ne sont que trop justifiés. Regardez, docteur, voilà tout ce qui reste d'Anselme.

Les domestiques transportèrent, en pleurant, le corps de leur maître dans sa chambre et le placèrent sur son lit, tandis qu'on allait chercher un prêtre pour la veillée mortuaire. L'artiste, après avoir dirigé l'accomplissement de ces tristes devoirs, vint rejoindre le docteur près de Marianne; le docteur lui fit un signe de la main.

— Grâce à Dieu, comme je vous l'ai dit, elle repose d'un sommeil qui ne tardera point à cesser. Voici ses paupières qui s'entr'ouvrent. Pas un mot, pas un geste; si vous n'êtes pas maître de votre douleur, éloignez-vous, mon cher Peyraicave.

Marianne, en effet, souleva sa tête appesantie, passa ses mains sur son front, et murmura :

— Que je souffre, mon Dieu!

Elle promena ses regards autour d'elle, aperçut le docteur, et lui tendit affectueusement la main.

— Il me semble que j'ai dormi bien long-temps, dit-elle. Où donc est mon père? je voudrais l'embrasser.

— Votre sommeil, mon enfant, a donc été agité par des rêves pénibles? demanda Kreischmann.

— Non, dit-elle : je n'ai aucun souvenir des songes que j'ai pu faire. Seulement, ma tête est pesante! Mes membres semblent brisés par la fatigue. Mon père est-il là? Je voudrais bien le voir.

— Mon enfant, reprit le docteur, une affaire imprévue et d'un grand intérêt, vient d'obliger votre père à un voyage de quelque durée.

Marianne fondit en larmes.

— Il est parti sans m'embrasser? sans me faire ses adieux!

— Vous dormiez; il a craint de troubler votre repos.

— Ma femme vous servira de mère pendant son absence, se hâta d'ajouter Peyraicave. Enveloppez-vous d'un manteau; la voiture du docteur nous attend en bas, et ma femme vous a dressé un lit dans la chambre de sa fille. Allons, docteur, amenez-nous Marianne; moi, je vais annoncer de nouveau son arrivée chez moi.

Il se hâta de prendre les devants, afin de prévenir madame Peyraicave, des évènements tristes et inattendus qui s'étaient succédés depuis le matin. Quand la gouvernante de Marianne l'eût habillée, le docteur présenta son bras à la jeune fille pour l'aider à descendre l'escalier. Marianne, que tout-à-l'heure agitaient, dans son sommeil, de si funestes pressentiments, passa près de la pièce où se trouvait déposé le cadavre de son père, sans une inquiétude, sans une vague pensée de crainte, sans une émotion instinctive. Le

mouvement de la voiture et l'action de l'air
la ranimèrent et la mirent dans un état de
santé presque rassurant. Une tristesse profonde pesait néanmoins sur elle; mais il fallait en attribuer exclusivement la cause aux
souvenirs des révélations que sa mère lui
avait faites la nuit, et au voyage inattendu de
son père; voyage qu'elle rattachait, dans sa
pensée, au départ de cette mère enlevée à
son amour.

Lorsqu'elle entra chez madame Peyraicave,
elle s'efforça de sourire. Ce sourire fit éclater
les sanglots de l'excellente femme qui oublia
la recommandation de son mari, et qui
s'écria :

— Orpheline! orpheline ! ma pauvre Marianne.

— Orpheline! répéta la jeune fille. Oh!
que voulez-vous dire? Parlez! parlez!

Madame Peyraicave détourna la tête en
sanglottant.

— Mon père! mon père est mort! murmura Marianne, qui tomba sans connaissance
dans les bras du docteur.

— Au diable les femmes! s'écria Peyraicave; voici la meilleure de toutes qui perd la
tête et qui commet une lourde maladresse!

A Dieu ne plaise que je vienne vous décrire
ici, une à une les douleurs de cette nuit de
désespoir pendant laquelle Marianne, en délire, appelait son père, et demandait, en
joignant les mains, qu'il lui fût permis de revoir encore une fois ses restes sacrés. Il y a

des douleurs que la parole humaine est im-
puissante à exprimer.

A la fin, Dieu prit pitié de cette enfant à
laquelle il venait d'enlever, en un seul jour,
son père et sa mère; il lui envoya le sommeil.
Elle finit par tomber, non dans un repos paisible, mais dans un assoupissement qui, sans
donner tout-à-fait l'oubli et le calme à la
jeune fille, diminua du moins l'intensité de ses
souffrances. Peyraicave, lorsqu'il eut vu l'orpheline tomber dans cette somnolence, invita
sa femme à se retirer.

— Je resterai près de Marianne, dit-il. Demain, tu veilleras à ton tour; il faut ména-
ger nos forces, nous en aurons besoin. La
maladie de la pauvre petite menace d'être
grave et longue.

Madame Peyraicave embrassa son mari et se retira dans sa chambre. Pour la première fois, depuis bien des années, le lit conjugal s'étonna de ne recevoir, sous ses rideaux, qu'un seul des deux époux.

Resté près du lit où reposait Marianne, Peyraicave s'établit dans un grand fauteuil près de la couchette de l'orpheline. Il resta longtemps éveillé par l'agitation et le souvenir des évènements terribles qui s'étaient succédés devant lui, depuis le matin : la mort inexplicable d'Anselme, les pressentiments de Marianne, ajoutèrent d'abord à l'excitation de sa pensée. Insensiblement, néanmoins, cette pensée perdit de son activité... Au milieu du silence absolu de la nuit, le bruit égal et lent que produisait la respiration de la malade, se mêlait seul au refrain monotone et somnifère du balancier de la pendule...

Ces bruits se confondirent et s'émoussèrent peu à peu pour l'artiste. La vision arriva moins distincte à ses yeux fatigués; il tomba, sans le vouloir et sans le sentir, dans un sommeil complet.

Quand il s'éveilla, en sursaut, sa lampe s'était éteinte faute d'huile, sans doute. Il ne sortait des charbons rougeâtres du foyer qu'une lueur phosphorescente. Une obscurité profonde régnait autour de lui, et il sentit la main de Marianne dans la sienne. Peut-être s'était-il endormi en la tenant; peut-être l'avait-il prise par un mouvement machinal, résultat du sommeil. Marianne se trouvait assise sur son chevet; des paroles lentes et faiblement articulées sortaient de ses lèvres. Un long intervalle se passait entre chacun de ses mots, qui ressemblaient aux exclamations de terreur et de désespoir proférés par une personne qui assiste à un spectacle funeste.

Peyraicave écouta le cœur palpitant.

— Ma mère, disait-elle, ma mère! ma mère! Des larmes coulaient avec abondance sur ses joues; des sanglots brisaient sa poitrine.

— Allez, reprit-elle, allez! Dieu veille sur vous; ma pauvre mère, Dieu vous prenne en pitié!

Pendant tout le reste de la nuit, les mêmes gémissements, les mêmes paroles confuses et sans suite se succédèrent sur les lèvres de Marianne, et commencèrent à jeter, sur la mort d'Anselme, de vagues clartés dans l'esprit de Peyraicave.

Dès six heures du matin le docteur Kreischmann arriva : l'état de souffrance de Marianne n'avait point encore cessé.

— Pauvre enfant, murmura le docteur, en voyant l'agitation de la jeune fille.

En ce moment Marianne poussa un soupir, ouvrit les yeux, tendit la main à ses deux amis, et promena, autour d'elle, des regards où se lisait l'oubli des malheurs de la veille. Bientôt, elle se souvint et se prit à pleurer. Madame Peyraicave accourut près d'elle, et s'agenouillant avec sa petite fille devant un crucifix :

— Priez avec nous, mon enfant, dit-elle de sa voix douce et simple... Il vous reste un père et une mère qui veillent sur vous avec tendresse. C'est Dieu ! C'est encore le refuge des affligés : votre divine patrone , Notre-Dame-des-Douleurs.

Le docteur et Peyraicave se rendirent au logis d'Anselme; les gens de l'art, commis par la justice, venaient de procéder à l'autopsie légale : le prêtre, qui avait veillé près du cadavre, achevait de diriger l'ensevelissement du corps et le dépôt dans la bière. Pendant ce temps-là , on procédait à l'apposition des scellés; un juge de paix dressait procès-verbal. Toutes les formalités de la vie positive envahissaient cette maison, où naguère la tendresse paternelle, l'art et la poésie régnaient sans partage.

Peyraicave entraîna brusquement le docteur qui partageait son émotion; tous les deux se dirigèrent, sans avoir la force d'é-

changer une parole, vers la maison de
Kreischmann.

La maison du docteur Kreischmann se trouvait au fond d'un quartier solitaire, dont les
constructions s'élevaient alors, çà-et-là, dans
les terrains bornés par la barrière Clichy. C'é-
tait un corps de logis isolé, fermé par une
grille et précédé par un jardin dont les hauts
peupliers voilaient les fenêtres, même quand
l'hiver avait dépouillé de leur feuillage les
rameaux de ces arbres. La maison était digne
de son hôte bizarre, par son aspect sombre
et par sa disposition étrange : elle tenait du
cloître et du kiosque. On aurait dit qu'un
moine et qu'un Chinois s'étaient associés
pour la construire.

Au moment où les deux amis tournèrent
brusquement le coin de la rue, un cavalier

faisait piaffer son cheval devant la maison, et une jeune fille se montrait à une des fenêtres! Par un bond, digne de la vivacité du tigre, le docteur s'élança vers le cavalier qui n'était autre que M. Ernest de Mandelle. Le fashionable, sans se déconcerter, salua le docteur et continua son chemin.

III.

M. DE SAN-PIÉTRI.

Dans l'ordre moral comme dans l'ordre physique, ce n'est point au moment où l'on reçoit une blessure qu'on en ressent toute la violence. Pour que les douleurs aient pris leur développement complet, il faut que la réaction, dirait un philosophe, il faut que l'inflammation, dirait un chirurgien, ait eu le temps d'apparaître. Alors, à l'engourdissement du premier coup succèdent des tortures aiguës, brûlantes, impitoyables qui se développent sans cesse, qui redoublent d'intensité et qui évoquent les angoisses et la terreur. La victime comprend l'imminence du danger et les conséquences fatales de la plaie. Le désespoir, avec son horrible sang-froid qui résiste, comme la salamandre du moyen-âge, aux plus ardentes souffrances, accourt, logicien cruel; il démontre l'étendue des périls, donne à l'intelligence une funeste lucidité et lui vaut, pour ainsi dire, la prescience du malheur.

La comtesse Marguerite de San-Piétri, en quittant Paris, se trouvait dans le premier accès de sa douleur. Le coup qu'elle venait

d'éprouver avait terrassé ses forces et brisé
son ame. D'ailleurs, au milieu d'une effroya-
ble séparation, en quittant l'homme et l'enfant auxquels était attachée sa vie, elle avait
éprouvé une joie sainte, immense, sublime ;
une de ces joies qui brillent tout-à-coup dans
la tempête des chagrins, comme l'éclair dans
la nuit, et qui changent en splendeur, pour
un instant, l'obscurité la plus redoutable de
l'ame. Elle avait pu donner à son enfant, à
sa Marianne, ce nom béni, retenu sur ses
lèvres depuis quinze ans, sans oser s'en
échapper : Ma fille ! —Elle l'avait appelée : Ma
fille ! — elle l'avait entendue lui répondre :
Ma mère ! — Elles s'étaient confondues dans
leurs caresses passionnées ! Son cœur battait encore des grandes et puissantes émotions de la maternité !

Peu à peu, ces battements s'appaisèrent,

son cœur se refroidit, sa pensée troublée reprit de la raison.

Elle jeta les yeux autour d'elle et elle comprit la désolation qui l'entourait de toutes parts. Derrière, Anselme et Marianne qu'elle quittait pour toujours! — Devant, un mari outragé, inexorable et qui ne reculait jamais, elle le savait bien, devant les plus cruelles vengeances. Eh! qu'importe cet homme! qu'importent sa haine et ses tortures..... Sa fille! sa fille!... Elle la perd à jamais! Elle n'entendra plus sa voix aimée! Elle ne la pressera plus dans ses bras... Sa fille! Mon Dieu, avez-vous pu séparer une mère de sa fille? Faudra-t-il que cette pauvre enfant ait retrouvé sa mère pour ne plus la revoir!..... Sa fille! Plutôt la mort que de la quitter. Elle veut retourner sur ses pas! Elle veut la revoir! Elle ne veut plus s'en séparer!... Insensée!

ce serait tuer à la fois le père et l'enfant! Ce serait les livrer à la vengeance du comte..... Qu'une faute amène d'affreux châtiments! Par quelles expiations le coupable paie son bonheur!... Oh! du moins, la mort, la mort! Tant de souffrances dépassent les forces d'une femme! Faites, mon Dieu, que cette voiture se brise! Faites qu'elle m'écrase sous ses roues!

Marguerite étouffait; par un mouvement machinal, elle ouvrit la glace de la portière et porta ses regards dans la campagne. Le jour commençait à paraître; à l'exception du bruit de la voiture et des pas des chevaux, un silence lugubre régnait partout; aucun être vivant ne s'agitait encore. Le ciel était lourd et sombre. Des nuages noirs et pesants ne laissaient arriver aucun des rayons de l'aurore. Marguerite interrogea sa montre; il lui

semblait que de longs espaces de temps s'é-
taient écoulés depuis sa fuite de Paris. A
peine l'avait-elle quitté depuis deux heures.
Il avait fallu attendre les chevaux, et divers
obstacles s'étaient opposés à son départ im-
médiat. Elle voulut presser les postillons, car
elle craignait que le moindre retard ne provo-
quât la fureur du comte et ne lui fît mettre
ses menaces à exécution. Les postillons, malgré les offres et les promesses, ne marchaient
qu'avec mollesse et ne pressaient point leurs
chevaux. Elle se désespérait, lorsqu'une voiture passa près de la sienne avec une rapidité
effrayante. Petite, légère et entraînée par
quatre chevaux, cette voiture volait plutôt
qu'elle ne courait. Au milieu des tourbillons
de poussière qu'elle soulevait, elle semblait
un monstre infernal emportant sur ses ailes
noires un des rois de l'enfer.

— Courez comme cette voiture et je vous prodiguerai l'or; cria la comtesse aux postillons.

Ils feignirent de hâter leur marche; mais en réalité ils n'en firent rien : bientôt la voiture, les tourbillons de poussière et jusqu'au bruit lointain de l'apparition s'effacèrent.

Vers sept heures du matin, la comtesse arriva, dans un lieu solitaire de la route, devant une petite maison qui servait de relais. Marguerite crut reconnaître, à la forme particulière d'une chaise de poste qui stationnait devant cette bicoque, la voiture qui, tout-à-l'heure, avait dépassé la sienne avec tant de vitesse. Tout-à-coup une figure sévère se montra sur le seuil de l'auberge. La comtesse jeta un cri.

C'était le comte de San-Pietri.

Il avança vers elle, calme et le sourire sur les lèvres.

— Il me tardait trop de vous voir, dit-il, pour que je pusse vous attendre paisiblement au Havre. J'ai voulu venir au-devant de vous.

Il lui tendit la main, l'aida à descendre de voiture, et la conduisit dans une petite salle, où le déjeûner se trouvait préparé devant la cheminée flamboyante.

— Vous m'excuserez de la brusquerie de mes procédés, n'est-ce pas, madame? reprit-il en établissant Marguerite dans un fauteuil et et en pliant son propre manteau pour en faire une sorte de tabouret aux pieds de la comtesse. Ma folle jalousie est bien pardonnable ! De loin, après une si longue absence, les fantômes les moins vraisemblables prennent un caractère de réalité : la promptitude de votre déférence à mes désirs me démontre la brutalité et l'invraisemblance de mes craintes. Il ne me reste qu'à implorer de vous mon pardon.

La pauvre femme leva sur lui des regards de surprise et de doute; elle ne put rien lire sur ce visage pâle et impassible dont les yeux, légèrement inégaux, ne trahissaient au dehors aucune pensée. Elle se demanda avec angoisse si les paroles qu'elle entendait étaient une horrible raillerie, ou bien si la bonne foi les dictait. Elle ne put résoudre ce problême duquel sa vie, duquel la vie d'Anselme dépendaient peut-être!

Cependant, le comte après avoir traîné lui-même la table près de la comtesse, pour que celle-ci n'eût point à s'éloigner de la cheminée, s'était placé en face de sa femme et la servait avec de tendres attentions. Il lui présentait les morceaux délicats, et se montrait empressé, spirituel, presque tendre. Il semblait ne remarquer ni la pâleur, ni l'abattement de la pauvre mère qui faisait de vains efforts pour prendre quelques aliments et pour réprimer son désespoir.

Malgré les périls de cette entrevue, une pensée dominait l'ame de Marguerite, maîtrisait son imagination et paraissait prête à s'échapper de ses lèvres : Marianne! Marianne! Il lui semblait entendre les derniers adieux que sa fille balbutiait d'une voix déchirante. Elle sentait encore sur ses mains les traces des baisers et des larmes dont l'enfant les avait couvertes. Le comte continuait à parler sans affectation et avec une sérénité qui ressem-

blait presque à du bonheur : quand il se félicitait de retrouver, après une longue absence, la femme à laquelle son sort se trouvait uni, on aurait dit ses paroles dictées par
une satisfaction véritable et par une loyale
franchise.

Le déjeûner se passa de la sorte. Quand il
fut terminé, le comte repoussa la table et prit
dans les siennes les mains de sa femme.

— Marguerite, lui dit-il, voulez-vous m'accorder la grâce que j'implore de vous? Ou-
bliez un coupable passé ; ne vous souvenez
que de l'affection qui m'a rendu injuste envers vous.

Elle fit un effort violent sur elle-même, et
répondit d'une voix faible :

— Je ne me souviens de rien.

Il porta la main de la comtesse à ses lèvres, et la baisa gaiement.

— Ma voiture est bien petite et bien incommode; voulez-vous me permettre de prendre place, à côté de vous, dans la vôtre ?

— La voiture que j'ai aperçue en arrivant, devant la porte de cette auberge, vous appartient donc ?

— C'est la mienne, affirma le comte; pour venir au-devant de vous, je n'ai pu trouver au Havre que cette vieille chaise de poste.

— Vous arrivez donc de Paris, monsieur ? interrompit-elle avec effroi. Il y a deux heures, cette voiture a dépassé la mienne.

— Je ne pensais pas, répliqua M. de San-

Pietri en riant, qu'il pût se trouver en France une seconde voiture semblable à cette affreuse machine.

— Vous n'arrivez point de Paris, n'est-ce pas, monsieur?

— Pourquoi cette question? Vous savez bien, madame, que ma présence à Paris m'exposerait au mécontentement du ministre. Au milieu des circonstances les plus difficiles et les plus graves, j'ai quitté, sans sa permission, le poste qu'il m'avait confié! D'ailleurs, quand je serais allé à Paris, qu'importe? Mes amis, ma famille, ne se seraient-ils point hâtés de détruire des soupçons excités dans ma tête de Corse par une lettre anonyme? La vie pieuse et retirée que vous meniez, votre éloignement du monde, tout ne vous justifie-t-il pas hautement. Je me suis conduit comme un insensé ; je veux désormais consacrer ma vie entière à réparer ma faute et à vous entourer de bonheur. Nous ne nous quitterons plus, n'est-ce pas ? Voulez-vous m'accompagner à Batavia ? Si vous hésitez, s'il vous est pénible de quitter la France avec moi, parlez, dites un mot, et je renoncerai aux affaires. Qu'importe l'ambition, quand il s'agit du bonheur ? Je ne veux vivre désormais que près de vous, que pour vous. Choisissez, Marguerite, entre Batavia et la France.

Elle le regardait avec stupeur : il lui semblait qu'elle se débattait dans les illusions d'un rêve odieux.

— Vous ne me répondez pas ? vous gardez encore du ressentiment contre moi ?

Elle ne lui répondit que par ses larmes.

— Je vous suivrai où vous voudrez , monsieur murmura-t-elle, enfin.

— Monsieur? répéta-t-il : ne suis-je donc donc plus pour vous Antonio?

Il se pencha vers elle et la baisa au front. Elle tressaillit comme sous la morsure d'une vipère, et cacha son visage dans ses mains.

— Je vous donnerai tant de preuves d'amour, que vous oublierez le comte de San-Pietri, pour ne plus vous souvenir que d'Antonio. Allons, venez; la voiture nous attend. Faut-il qu'elle prenne le chemin de Paris ou celui du Havre? Vous ne voulez point choisir? Au Havre donc! au Havre où nous attend un navire prêt à mettre à la voile pour Batavia. Là, sous un beau ciel, libres, heureux, notre vie s'écoulera loin des devoirs du monde, de ses exigences et de son odieux espionnage. Là, Marguerite, rien que la mort ne saurait nous séparer. Rien! entendez-vous bien? rien!

En achevant ces mots, il prit la comtesse sous le bras, l'emporta jusqu'à la voiture, se plaça à côté de l'infortunée, passa tendrement une main autour de sa taille et lui donna un baiser.

— Ensemble pour toujours! s'écria-t-il.

La voiture partit avec rapidité.

Accablée de fatigue par une nuit sans sommeil, brisée par la douleur d'une séparation qui l'arrachait à sa fille et au père de son enfant, Marguerite était en proie à un vertige qui tenait du délire. Les étreintes dont l'entourait son mari, les baisers qu'elle en avait

reçus, cette voix qui lui jetait, à travers le
bruit de la voiture, des paroles d'amour, la
rendaient folle de désespoir. Elle eût pré-
féré, mille fois, les outrages et les fureurs
de la vengeance à ces tendresses odieuses,
à ces cruelles caresses. Pour se soustraire
à un pareil supplice, elle se sentait prête à
faire l'aveu de sa faute et à provoquer la colère du comte. Au milieu de la confusion de
ses idées et de la fièvre qui troublait sa raison,
la pensée des périls auxquels elle exposerait
Marianne et Anselme la retenait instinctivement. Oh! si elle eût pu voir le sourire qui
contractait les lèvres du comte, si l'obscurité
n'eût point caché à ses regards l'expression
sinistre du regard de cet homme, elle eût
moins souffert; elle eût repoussé la main qui
pressait la sienne; elle se fût soustraite au
supplice d'une contrainte intolérable et mau-
dite!

Le comte ne cessa point de jouer le même rôle jusqu'à son arrivée au Havre. La chaise de poste s'arrêta dans le port même, à l'endroit de la jetée où attendait un navire prêt à mettre à la voile : la comtesse descendit de voiture pour franchir, soutenue par M. de San-Pietri, la planche qui joignait le bâtiment à la rive.

Toujours prodigue de soins empressés, le comte installa Marguerite dans la cabine du navire qui lui était réservée : il lui fit remarquer la beauté de la journée et les heureux présages qui souriaient à leur navigation.

— Nous allons passer la longue durée de ce voyage ensemble, sans que rien ne nous sépare, ni affaires, ni devoirs du monde ! A bord d'une frégate, appareillée à mes frais, nous pouvons vivre à notre gré, tout entiers l'un à l'autre. Pourquoi Dieu a-t-il refusé un enfant à notre bonheur ? Pourquoi n'êtes-vous pas mère, Marguerite ?

A ces mots, l'infortunée sentit sa raison l'abandonner.

— Mère ! s'écria-t-elle, mère !

— Calmez-vous, Marguerite, Dieu ne restera point sourd à nos prières ; il daignera, un jour, nous accorder un enfant ; il daignera, un jour, nous combler des joies ineffables et saintes de la famille.

Elle le regarda avec terreur.

— Mère ! répéta-t-elle, mère !

Et Marianne lui donnant ce doux nom, Marianne lui tendant les bras, Marianne l'appelant avec des larmes, lui apparut de nouveau.

Cet affreux supplice dura pendant toute la traversée. Quand ils furent arrivés à Batavia, la comtesse prit possession de la maison de M. de San-Pietri, sans que les odieux témoignages d'une tendresse pleine d'affectation cessassent de l'accabler.

Deux mois s'écoulèrent encore dans ce supplice.

Un matin, le comte entra chez sa femme; il la trouva pâle, accablée de tristesse, et les yeux, fixés avec désespoir, sur la mer qui la séparait d'Anselme et de Marianne.

— Vous pensez à la France, madame? lui dit-il : vous la regrettez près de moi? Je n'ai pu vous la faire oublier; c'est une rivale contre laquelle je suis sans pouvoir, n'est-ce pas?

Elle fit un effort sur elle-même pour tendre la main au comte.

— Eh bien! continua-t-il, voyez à quelle abnégation personnelle me réduit ma tendresse pour vous. Je viens, pour essayer de vous complaire, vous parler de ce pays que vous préférez à votre époux.

Elle leva la tête et le regarda. Il souriait; son sourire parut à la comtesse plein d'amertume.

Après quelques instants de silence et d'attente, il reprit :

— Je vous apporte des nouvelles de France.

Elle tressaillit, et une vive rougeur se répandit sur ses joues pâles. Il continua , sans paraître remarquer ces symptômes d'émotion.

— L'intérêt que vous témoignez, rien qu'à l'annonce de ces nouvelles, m'inspire la crainte de les voir mal accueillies; elles ne vous parleront que de personnes indifférentes, et que vous connaissez à peine. D'ailleurs, le capitaine qui me les a contées, ne les avait lui-même apprises qu'indirectement.

— N'importe , elles me parleront de la France !

— Vous avez, je le pense, rencontré parfois dans le monde un peintre de grand talent qui se nomme Anselme de Selvignies.

A ce nom, la force abandonna Marguerite;

elle baissa la tête, comme le condamné sous la hache du bourreau.

— Vous le connaissez ? dit-il, en ne prenant plus la peine de déguiser l'expression de haine qui rendait sa voix rauque et animée. Je continue :

—Le peintre avait une maîtresse ; ces gens là trouvent toujours quelque créature empressée de jeter à leurs pieds ses devoirs d'épouse et l'honneur de son mari. C'était d'ailleurs une femme adroite, fourbe, qui cachait sa dissolution sous des dehors de vertu. Elle vivait retirée, ne recevait jamais chez elle son amant, et feignait de le connaître à peine lorsque, par hasard, elle le rencontrait dans le monde... Le soir, elle se dédommageait de tant de dissimulation et de fausse vertu. A neuf heures, elle feignait de se sentir souffrante, exprimait le besoin de se coucher, renvoyait sa femme de chambre et s'échappait ensuite furtivement par une porte dérobée. Vous le voyez, c'était une femme intelligente et fine. »

Marguerite se tenait le visage caché dans ses mains. Le comte continua :

Ces précautions extrêmes finirent cependant par trahir celle qui les multipliait autour d'elle avec un si grand savoir-faire. Un soir, une nuit peut-être, qu'elle se glissait furtivement hors de chez elle, quelqu'un, — une femme sans doute, — probablement sa rivale près du peintre, la reconnut, la suivit jusqu'à une voiture de place, la vit monter dans un fiacre et résolut de connaître en quels lieux se rendait l'aventurière nocturne. Le fiacre s'arrêta devant la porte de l'artiste et y

stationna deux heures, après lesquelles il ramena l'héroïne à quelque distance de son
hôtel. Là, elle descendit à la hâte, gagna une
petite porte dans le mur du jardin de la
maison, l'ouvrit, et disparut comme un
fantôme.

Le curieux ou plutôt la curieuse, ce devait
être une femme, se posa en sentinelle le lendemain, près de cette porte, et renouvela la
même expérience plusieurs fois; chaque soir
la belle était exacte à ses rendez-vous.

L'aventure devenait piquante et valait la
peine d'être contée, surtout au mari. Le mari
reçut donc une lettre anonyme qui lui donnait tous les détails désirables. Il quitta aussitôt les pays lointains qu'il habitait, écrivit
à sa femme de venir le joindre dans le port
de mer où il l'attendait, et se rendit lui-

même à Paris, la veille du jour assigné pour le départ. Après quelques heures d'attente, il eut la satisfaction de voir la pauvre victime de ses ordres cruels sortir éplorée de la maison de l'artiste. Il ne tarda point à monter lui-même dans cette maison, gravit un escalier, et frappa à une porte entre les joints de laquelle il apercevait de la lumière. Le hasard l'avait bien servi, c'était la chambre à coucher de M. de Selvignies.

Ici, le comte s'interrompit quelques moments pour prolonger sa vengeance. La comtesse, les mains jointes, priait et pleurait.

— L'aventure vous attendrit déjà? reprit-il. Attendez. Réservez vos larmes pour le dénouement; je pense que vous le trouverez dramatique.

Vous pouvez juger de la surprise du galant,

lorsqu'il se trouva face à face avec un mari qui lui déclina son nom. Monsieur, ajouta le malencontreux visiteur, j'arrive d'outre-mer pour recevoir de vous une satisfaction à laquelle il est inutile de vouloir nier mes droits; je viens de voir ma femme sortir de chez vous. Différer d'une heure, d'un moment, cette satisfaction, serait agir en lâche. Ce mot produisit sur l'amant l'impression que son adversaire en attendait.

Dans une heure, continua l'autre, il fera assez de jour pour que nous puissions échanger quelques balles. Si ma présence à Paris était découverte, la réputation de celle qui sort de vos bras serait perdue. Il faut donc que notre affaire se termine sans scandale. Si je succombe, personne ne saura quelle main m'a frappé : si la bonne chance est pour moi,

je repartirai pour Batavia, sans qu'on accuse
de votre mort un mari. Deux soldats pris au
hasard dans une caserne nous serviront de témoins. Cet homme n'était point certainement
un lâche, et cependant, tandis qu'il entendait les paroles de son adversaire, la consternation se peignait sur ses traits décomposés.

— Je vous donnerai la réparation que vous
êtes en droit d'exiger, dit-il. Accordez-moi
seulement une demi-heure pour prendre quelques dispositions; accordez-la moi, je vous
en supplie !

— Une demi-heure de retard trahirait ma
présence à Paris, et déshonorerait, je vous le
répète, votre maîtresse; car ce serait révéler
la main qui vous a frappé.

Il jeta un regard douloureux sur une porte

placée en face de celle qui m'avait introduit ;
un instant j'eus la pensée que, rentrée furtivement, vous vous teniez cachée derrière cette
porte, tant je lus de désespoir dans ce regard.
Il fit un pas, hésita quelques instants, prit
enfin ses armes, et me suivit. Son désespoir commençait déjà les joies de ma vengeance.

Nous montâmes en voiture; nous nous ren-
dîmes dans la plaine de Montfaucon; deux
soldats, appelés par nous, nous servirent de
témoins. Quand je visai de mon pistolet mon
adversaire, je vis que des larmes mouillaient
ses yeux. Oui, madame, il pleurait !

Cet homme tomba à mes pieds; il porta
la main à sa poitrine, en tira un portefeuille,
et me le présenta de sa main mourante, et
balbutia quelques mots que je ne pus com-

prendre : ce portefeuille contenait votre portrait.

Marguerite s'évanouit; il lui jeta froidement de l'eau au visage et la déposa sur un lit. Lorsqu'il la vit se ranimer et reprendre connaissance, il ajouta :

— Tenez, madame, voici votre portrait que j'ai arraché du portefeuille de votre amant. Une autrefois, cachez vos intrigues avec plus de soin encore. Et il sortit.

Ma fille! Marianne! Telle fut la première pensée de la comtesse quand elle commença à renaître après l'horrible douleur de ce récit sanglant. Marianne!..... Le meurtrier d'Anselme connaissait-il l'existence de cette enfant? L'avait-il enveloppée dans sa vengeance? La tenait-il sous sa main implacable pour la perdre et pour la tuer, comme il avait tué son père? Son cœur battait avec une violence désordonnée; le sang bouillonnait dans son cerveau. Marianne! Marianne! Oh! que les suites d'une faute sont fatales et sans pardon! qu'elles sont inexorables!

Mon Dieu! disait-elle, mon Dieu! vous me châtiez avec justice. J'accepte avec résignation mon deuil et mon désespoir. Je mérite l'opprobre, l'isolement, le remords. Mais ma fille, cette enfant pure et élevée selon votre esprit, cet ange d'innocence, ne l'enveloppez pas dans ma perte... Oh! peut-être est-il trop tard pour que vous exauciez encore mes prières! Si le comte sait l'existence de mon enfant, il l'a déjà frappée!... Mon Dieu! ma fille! ma fille!... Et rien ne peut me tirer de ce doute! Rien! Le reste de ma vie s'écoulera dans l'incertitude et dans l'angoisse qui me poignent en ce moment. Une question, un mot, un geste, peuvent tout révéler au comte et perdre Marianne. Si ma raison succombait!... Ce serait affreux d'avoir tué le père et l'enfant! Ma fille, si belle, qui se montrait si heureuse, quand je la prenais dans mes bras et qu'elle me rendait mes caresses. Pourtant elle ignorait encore que je fusse sa mère! Que d'heures ineffables j'ai passées, à genoux, devant elle, écoutant sa voix, regardant ses yeux, admirant sa grâce pudique, et m'épanouissant à son sourire. Elle aimait à passer ses mains autour de mon cou et à poser sa tête blonde sur mon épaule. Je sentais la douce chaleur de son front traverser ma peau et pénétrer jusqu'à mon cœur. Nous restions quelquefois, de longues heures, dans une délicieuse extase, sans prononcer un mot, mais échangeant nos ames! On n'a pas tant de bonheur dans le paradis! Anselme nous contemplait les yeux pleins d'heureuses larmes... Anselme! Un nuage de sang efface tous ces souvenirs, maintenant pleins de désespoir. Anselme est mort!... Il est mort sans avoir embrassé une dernière fois sa fille! Il est mort sans avoir pu la léguer à un protecteur. Hélas! qui veille sur elle? Qui la console de mon départ? Qui pleure avec elle, sur la tombe de son père?... Marianne! Marianne!

La comtesse s'élança hors de son lit et voulut se soustraire, par le mouvement, aux pensées qui l'affollaient; elle tomba sur le parquet et s'y roula en s'arrachant les cheveux, et en appelant la mort ou la folie à son aide.

Monsieur de San-Pietri savourait sa vengeance en véritable Corse, avec complaisance, chaque jour et à chaque instant. Il ne reprit plus, pour la comtesse, de tendresses feintes ; il se montra plein d'indifférence et de dignité. Si la haine l'arrachait parfois à cette réserve et lui suggérait des allusions au passé, ce n'était que d'une façon vague et brève. Marguerite attendait pourtant avec impatience ses rares insultes ; elle espérait toujours qu'une parole échappée à M. de San-Pietri pourrait lui révéler s'il connaissait la naissance de Marianne. Elle finit par espérer qu'il ne la savait pas, et ce fut la première consolation qu'éprouva l'infortunée ; si l'on peut donner le nom de consolation à cette présomption incertaine, faible et pleine de doute.

La comtesse connaissait la patience de son mari pour la vengeance, et comment il se complaisait à la distiller goutte à goutte sur sa victime. D'un moment à l'autre, il pouvait lui porter un dernier coup, réservé avec

un art cruel... Il ne lui restait qu'un seul refuge, Dieu. Elle se jeta passionnément dans
les bras de la religion, et trouva, en elle, la
force nécessaire pour supporter le fardeau de
sa vie infortunée; sa patience, sa résignation,
sa douceur finirent par agir jusque sur le
cœur inexorable du comte. En voyant madame de San-Pietri l'objet des respects et de
la vénération publique, en entendant citer
partout, avec éloge, la noblesse de son cœur et
le zèle de sa charité, il sembla laisser appro-
cher le pardon de son ame sans pitié. Il cessa
ses rares allusions au passé, entra dans les
vues pieuses de la comtesse et la seconda dans
ses projets de charité.

Un jour que le souvenir de sa fille et ses
incertitudes sur son sort la poignaient avec
une insurmontable violence, la comtesse im-
plora l'aide de Dieu par ses prières ferventes

et entra chez M. de San-Pietri. Depuis son départ de France, c'était la première fois qu'elle venait d'elle-même à lui. Il la regarda de son œil sévère et froid. Elle se sentit prête à fuir; mais telle était sa souffrance, qu'elle résolut d'en finir avec l'incertitude.

— Monsieur le comte, dit-elle, une jeune Française qui habite Batavia, vient de perdre, en quelques mois, son père et sa mère. Elle se trouve sans parents, sans appui, sans ressources, voulez-vous me permettre de la recueillir chez moi?

— C'est un projet que j'approuve, madame, répliqua-t-il. Dans son abandon, la pauvre fille ne manquerait point de devenir bientôt la victime du désespoir. La misère et l'isolement font bien des victimes.

La comtesse frissonna ; elle crut voir, dans ces paroles , une allusion au sort de Marianne.

— Quel est l'âge de votre protégée ? reprit le comte.

— Seize ans, balbutia Marguerite avec des larmes dans la voix. C'était, hélas ! l'âge de sa fille.

— Et sa famille ?

— D'honnêtes marchands : l'orpheline se nomme Marianna Beuzeville.

En prononçant le nom de Marianne, toute son ame était passée dans ses yeux attachés sur le comte. Pas une fibre du visage de ce dernier ne s'émut.

Il adressa encore quelques paroles à la comtesse qui sortit sans les avoir entendues. Une joie immense éclatait en son cœur... Il ne sait rien; il ignore l'existence de Marianne!... Pauvre mère! réduite à n'avoir d'autre bonheur que de savoir soustraite à un péril sa fille, sa fille unique, sa fille orpheline et séparée d'elle pour toujours.

Marguerite éprouva quelque consolation à recueillir près d'elle Marianna Beuzeville et à l'entourer de soins maternels. Il lui semblait que Dieu tenait compte de chacun des bienfaits dont elle comblait la jeune Française, et qu'il les rendait à sa fille.

C'était encore pour elle un bonheur douloureux que de pouvoir donner à cette enfant le nom de Marianne. Elle ne le prononçait jamais devant le comte sans le regarder avec inquiétude, et elle sentait sa poitrine soulagée d'un fardeau pesant quand le Corse avait entendu ce nom avec son indifférence ordinaire.

———

Avant que Burgher, du haut de la cavale noire qui emporte Lénore, n'eût crié de sa voix lugubre : *Les morts vont vite!* Montaigne, avec son sourire plein de sarcasme et de tristesse, avait déjà dit : *Les trépassés passent vitement!* La mort d'Anselme de Selvignies fournit une nouvelle preuve de la terrible vérité professée par le philosophe français et chantée par le poète allemand.

D'abord tout Paris s'affligea, lorsque les journaux annoncèrent qu'on avait trouvé, sanglant et inanimé, dans les hideuses plaines de Montfaucon, le corps du célèbre artiste. Comme le mystère venait ajouter ses prestiges romanesques à ces lugubres détails, chacun s'entretenait de l'événement survenu la nuit même d'une fête, et dont on ne pouvait ni expliquer l'exécution, ni pénétrer la cause. Les feuilles périodiques se disputèrent à qui consacrerait ses pages les plus éloquentes à l'histoire du grand peintre. Chaque feuilleton avait ses neuf colonnes de notices nécrologiques sur Anselme.

Par malheur, à Paris, l'attention et l'intérêt publics ressemblent à un feu de paille. Ils jettent d'abord une flamme immense qui resplendit jusqu'au ciel ; puis cette grande lumière s'affaisse et s'éteint. Le moindre vent balaie la légère couche de cendres noires qui saupoudrait le sol, et tout disparaît sans laisser la moindre trace.

La justice se montrait plus opiniâtre ; elle persévérait dans ses recherches, poursuivait ses enquêtes et multipliait ses instructions. Tous ses efforts n'aboutirent cependant à aucune découverte ; il fallut renoncer à lever le voile qui couvrait, de ses plis impénétrables, le secret de ce meurtre. Bientôt il ne fut plus question d'Anselme ; lorsqu'on lut dans les journaux l'annonce officielle de la vente qu'on allait faire de ses études et de son mobilier, les oisifs se contentèrent de dire : il y aura sans doute là une curieuse exposition à visiter.

Quant aux amateurs, ils soupirèrent :

— Diable ! pourvu que la mort du peintre ne triple pas la valeur de ses œuvres ! Ah ! si nous avions pu prévoir cette mort !

Quelques-uns cependant gardaient un pieux

souvenir du pauvre Anselme. De ce nombre
était Peyraicave : le jour de la vente, seul, les
yeux humides de larmes et la poitrine pleine
de soupirs, il parcourait l'atelier dans lequel
naguère il avait passé une folle et joyeuse soirée, près de l'ami que la mort tenait déjà sous
sa main fatale. Tandis qu'il cherchait à réprimer son émotion, il heurta un des nombreux
visiteurs qui se pressaient autour de lui. C'était
menheyr le bourgmestre de Lewardeen. Ils se
saluèrent, et se mirent à échanger de ces paroles banales qui servent infailliblement d'in-
troduction à tout entretien. Ils commencèrent
par se dire mutuellement, avec un grand sang-
froid, des lieux-communs et des propos insi-
gnifiants, comme il arrive toujours ; heureux
quand de ce choc de vulgarités jaillit une étin-
celle d'intérêt.

— Anselme de Selvignies avait-il une grande

fortune? demanda le Hollandais de sa voix pédantesque.

— Hélas! soupira Peyraicave, à peine le produit de son mobilier et des études peintes qu'il laisse suffira-t-il au paiement de ses dettes! On croyait Anselme, sinon riche, du moins dans une honorable aisance. On n'a trouvé chez lui aucun acte, aucune pièce qui annonçât soit un placement d'argent, soit l'acquisition d'un immeuble. Sa fille reste plongée dans une indigence profonde. Dieu la protége!

— Sa fille? demanda menheyr Van-Gastel; sa fille! Il était donc veuf?

— Ma foi! je n'en sais rien, répondit Peyraicave. Il y a seize ans, je connaissais fort peu Anselme, et je n'avais eu avec lui que des relations bienveillantes, mais rares. Pour tout dire, peu de rapports de sympathies existaient entre nous. Anselme aimait le luxe, la dissipation et le monde : il se servait de l'art comme d'un moyen de fortune et de plaisir; enfin il ne voyait dans sa palette qu'un coffre-fort où il pouvait puiser à pleines mains. Il fit, je ne sais où, un voyage d'une année; à son retour, ce n'était plus le même homme. A la fougue du jeune artiste et à la fatuité du fashionable, avaient succédé des habitudes laborieuses et un amour sérieux de l'art. Il passait toutes les journées dans son atelier, près du berceau d'un enfant dont la mère, disait-il, était morte en lui donnant la vie. Cette mère, elle-même, était-elle la femme ou la maîtresse d'Anselme? C'est ce dont je ne m'inquiétai pas. Quoi qu'il en soit, Anselme ne vivait que pour sa fille; il ne la quittait point d'un moment; il la promenait chaque après-midi dans sa voiture, et il finit par louer un petit hôtel pour avoir un jardin où l'enfant pût s'ébattre et respirer à l'aise; une mère prodigue moins de tendresse et de dévouement au nourrisson qu'elle alimente de son lait! Un jour Marianne tomba gravement malade; je craignis pour la raison d'Anselme. Il pleurait, il se désespérait, il ne savait plus que faire. Ma femme lui vint en aide; elle s'assit au chevet de l'enfant, dirigea les soins qu'exigeait son état, et ne la quitta ni jour ni nuit, jusqu'à la guérison complète. Anselme ne dormit pas une minute, tant que dura la maladie de sa fille. Il était toujours là, les yeux fixés sur elle, épiant ses moindres mouvements, pâle au premier cri, éperdu dès qu'apparaissait une crise!

Quand Dieu eut pris pitié du pauvre père et lui eut tout-à-fait rendu Marianne, je n'ai jamais vu de joie aussi extravagante. Il aurait volontiers embrassé chaque personne qu'il rencontrait. Sa vie entière était consacrée à entourer sa fille de bonheur et de bien-être. Il eût donné son existence pour lui éviter une douleur : ses plaisirs étaient les plaisirs de sa fille; ses chagrins étaient les chagrins de sa fille. Marianne heureuse, son cœur se trouvait inondé de joie; Marianne souffrante ou triste, il s'affligeait et il se décourageait. Chez lui, l'amour paternel était une sublime démence. Une fois, je l'ai vu courir tout Paris, et prodiguer l'or, parce que Marianne, — elle comptait alors huit ans au plus, — avait dit au mois de janvier qu'elle voudrait bien manger une pêche. Anselme donna un tableau pour ce fruit qu'il trouva, après des recherches sans fin, dans la serre d'un botaniste; quand il rapporta la pêche à Marianne, celle-ci ne se rappelait même point qu'elle l'eût désirée.

— Comment se fait-il qu'avec un amour
sans bornes pour sa fille, Anselme ne se soit
point occupé de l'avenir de cette jeune personne?

— C'est encore là un mystère comme sa
mort. Souvent j'ai entendu Anselme parler
d'économies qu'il avait réalisées ; mais comment plaçait-il ses économies? Personne ne le
sait. Les recherches qu'on a tentées à ce sujet
n'ont pu rien faire découvrir.

— Que va devenir, sans ressources, la
pauvre Marianne?

— Je sors d'un conseil de famille, où l'on a
délibéré sur cette question; nous étions huit,
y compris le juge de paix, qui s'endormait,
et le greffier, qui a l'oreille dure. On a ouvert
mille avis, et l'on ne s'est point arrêté à une

seule décision; quand il s'est agi de nommer un tuteur, personne n'a voulu se charger de ce titre onéreux.

— Vous ne savez donc pas, me disait-on, combien d'inconvénients amène une tutelle à l'imprudent qui l'accepte? D'abord la pupille exerce une hypothèque privilégiée sur les biens du tuteur; celui-ci ne peut donc ni vendre, ni traiter d'un emprunt; mille formalités l'entravent.

—Mais Marianne ne possède rien au monde, et ne peut, par conséquent, établir aucune hypothèque sur les immeubles de son tuteur!

—Alors, c'est bien pis; il faut que le tuteur subvienne, en père, à tous les besoins de l'enfant que la loi lui confie. Et puis,

quand elle aura atteint l'âge de sa majorité,
qu'en faire? comment l'établir honorable-
ment?... Comment s'en débarrasser, dites-le
moi?

Indigné de tant d'égoïsme et de sécheresse, je les interrompis. Je déclarai que,
sans vouloir du titre légal de tuteur, je garderais chez moi l'orpheline de mon ami et
qu'elle partagerait le pain de mes enfants.....
Par malheur, je ne suis pas riche... Bah! j'en
travaillerai un peu plus, et vous me ferez
vendre des tableaux en Hollande, n'est-ce
pas?

Le bourgmestre réfléchit quelques instants.

—Monsieur, dit-il, vous l'ignorez peut-être,
des liens de parenté, assez éloignés il est vrai,
existent, par la mère d'Anselme, entre ma

femme et l'artiste que la mort vient de frapper.
Je suis riche. Ma fortune est mon ouvrage ; je
puis en disposer à mon gré. D'ailleurs, je n'ai
que deux fils. Je veux devenir le protecteur
de Marianne. Ma femme l'emmènera avec
elle en Hollande, et achèvera, dans ma famille, l'éducation de l'orpheline. Si Marianne
répond dignement aux soins de madame Van-
Gastel, si, comme j'en ai la conviction, elle ne
fait rien pour perdre mon estime et l'affection
de sa mère adoptive, je la marierai honora-
blement et je lui donnerai une dot.

— Vous êtes un brave homme, s'écria Peyraicave en serrant la main du Hollandais. Si
je n'avais pas trois enfants et cinquante-cinq
ans, je ne vous laisserais pas le bonheur de
faire une bonne action ; je la garderais pour
moi. Je commence à comprendre combien la
richesse est une excellente chose. Venez dîner

demain avec moi ; vous ferez plus ample connaissance avec Marianne, et nous la prépare-
rons doucement à l'idée de quitter la France
et de vous accompagner en Hollande. Entre
cœurs droits, il n'y a point de cérémonie à
faire : on s'entend et on s'aime du premier
moment, n'est-ce pas, monsieur le bourgmestre ?

— J'accepte pour madame Van-Gastel et
pour moi. A demain, monsieur Peyraicave.

— A demain, mon cher menheyr Van-
Gastel !

— Ma foi, pensa l'artiste en se hâtant d'aller
annoncer à sa femme ces heureuses nouvelles,
je n'aurais jamais soupçonné, dans cette
grosse face de Hollandais, de la sensibilité et
du cœur ; je n'y aurais cru logées que de la

vanité et de la morgue. Béni soit Dieu qui
lui a inspiré des desseins si heureux pour
Marianne ! Et cependant, ajouta-t-il, j'étu-
dierai cet homme et sa femme pendant le reste
de leur séjour à Paris. Si je ne les reconnais
pas propres à rendre heureuse ma chère orpheline, du diantre si je la leur confie ! Elle
ne quittera l'humble sort qu'elle aurait trouvé
près de moi, qué pour une existence mieux
assurée et surtout plus heureuse. Souffrir pour
souffrir, il vaut encore mieux rester près de
ses amis !

Il faut rarement revenir de la première impression causée par la vue d'une personne que
nous ne connaissons pas. Un pressentiment
qu'inspire peut-être la présence invisible de
notre bon ange, nous avertit de la confiance
ou de la crainte qu'on doit pratiquer à l'égard
de cette nouvelle relation placée dans notre

vie. Combat-on ces avertissements mystérieux? et presque toujours une déception ou un regret viennent attester, trop tard, combien était juste le sentiment répulsif que nous avions éprouvé. La première fois que Peyraicave avait vu le bourgmestre dans le salon d'Anselme, il n'avait reconnu, dans cette physionomie d'une austérité puritaine, que les caractères de l'orgueil et de la sécheresse de cœur, associés à des allures plaisamment exotiques et néerlandaises. Quant à madame Van-Gastel, elle lui avait paru une excellente femme, un peu nulle, courbée sous le joug despotique de son mari, et à laquelle une domination pesante et absolue ne laissait guère d'autre qualité, disons mieux, d'autre nature que la douceur. Dès qu'il les vit, à travers le prisme de la bonne action projetée par eux et de l'adoption de Marianne, son opinion sur les deux étrangers se décomposa :

elle se fondit rapidement dans un sentiment opposé, passa de la rigueur à la bienveillance, et commença à nommer droiture et noble fierté ce qui naguère lui paraissait une intolérable outrecuidance. La transformation fut encore plus facile pour madame Van-Gastel, dont la pâle et insignifiante figure se colora, aux yeux de Peyraicave, de toutes les vertus domestiques. La femme de l'artiste subit, à son insu, le virement d'opinions qui s'était opéré dans l'esprit de son mari : le lendemain le bourgmestre et sa femme étaient pour eux de loyales personnes, excellentes, généreuses, et qu'ils aimaient de tout leur cœur.

Aussi, les mesures furent-elles prises pour que menheyr Van-Gastel fût reçu de la manière la plus affectueuse. Madame Peyraicave tira de ses armoires son plus beau linge de table et ses porcelaines des grands jours. Elle

eut une conférence sérieuse avec le chef d'office d'un riche banquier qui demeurait dans
la même maison : tandis que Peyraicave allait convier le docteur, Ernest de Mandelle
et deux ou trois autres amis, elle ne dédaignait point de préparer, de ses mains belles
et délicates, quelques mets sucrés. La table
fut chargée de fleurs, en guise de surtout, et
il n'y eut pas jusqu'à l'orpheline qui dût
ajuster, avec un peu de soin, ses vêtements de
deuil; madame Peyraicave, le voulait ainsi.

Depuis la mort de son père, Marianne restait plongée dans un affaissement profond. Ce
n'était plus cette jeune fille que Peyraicave faisait éclater de rire, aux moindres
bouffonneries, et qui semblait conserver,
à seize ans, la précieuse insouciance du
premier âge. En quinze jours, elle semblait
avoir vieilli de plusieurs années. Quand la

bonne madame Peyraicave l'interrogeait, ou quand l'artiste lui adressait la parole, elle tressaillait, comme au sortir d'un rêve, et paraissait ne pas avoir entendu la question qu'on lui avait faite. La petite Claire avait seule le privilége d'adoucir l'âpreté morne de cette douleur. Marianne jouait avec la petite fille, se prêtait complaisamment à ses fantaisies, et aimait à la prendre sur ses genoux. Alors, elle l'embrassait avec effusion, ses yeux s'emplissaient de larmes, et le mot de mère tombait de ses lèvres décolorées. Ce nom, elle le répétait également dans le sommeil involontaire qui s'emparait souvent d'elle. Madame Peyraicave l'entendait, lorsqu'elle se trouvait dans cet état, murmurer des mots confus mêlés de sanglots : souvent le nom de mère s'échappait de sa bouche, à travers des cris déchirants.

Quand madame Peyraicave l'interrogeait et lui rappelait ces paroles et ces larmes, Marianne paraissait n'en avoir gardé aucun souvenir. La première fois que madame Peyraicave lui parla de cette mère inconnue qu'elle appelait en songe, la femme de l'artiste vit la jeune fille pâlir et témoigner un grand trouble; elle faillit s'évanouir.

— Vous connaissez donc votre mère, Marianne? lui demanda-t-elle.

Marianne prit, avec une grande agitation, les mains de madame Peyraicave.

— Ne m'interrogez pas, dit-elle, je ne pourrais rien vous apprendre.

Cette réponse excita singulièrement la curiosité et l'intérêt de madame Peyraicave. Le soir, quand les deux époux se trouvèrent réunis dans la chambre nuptiale, elle en parla à son mari. Tous les deux se livrèrent à ces conjectures, innombrables qui mènent presque toujours, du probable à l'absurde, et de l'absurde à l'impossible. En pareil cas, vouloir atteindre la vérité, serait, comme un fou de Bicêtre, chercher les pieds de la lune. Cette poursuite de l'imagination n'en excite pas moins une ardeur violente que rien ne lasse, et qui croit sans cesse tenir le fantôme menteur qu'elle s'est créé à elle-même.

Peyraicrave s'endormit le premier au milieu des suppositions contradictoires de la bonne femme, qui finit elle-même par laisser retomber sa tête sur l'oreiller moelleux du chevet conjugal.

Les deux premiers convives qui arrivèrent

le lendemain furent, il est inutile de le dire, menheyr Van-Gastel et sa femme. Le bourgmestre tenit avec protection la main à Marianne; sa femme embrassa la jeune fille d'une manière affectueuse.

Madame Peyraicave, avec sa manie de dénigrement, ne put s'empêcher de traduire en elle-même leur double accueil, par ces mots :

— Voilà ton bienfaiteur.—Dieu soit loué ! je vais avoir une compagne de captivité! je ne serai plus seule à m'ennuyer.!

L'artiste se hâta d'aller dire tout bas à l'oreille de menheyr Van-Gastel que Marianne n'était point prévenue des projets qu'on méditait sur elle. En voyant un ami de son père, dont la présence lui rappelait une fatale soirée, Marianne ne put réprimer ses larmes, et elle cacha son visage dans le sein de la bonne Hollandaise, qui l'attira doucement contre sa poitrine, et chercha à la consoler.

Le docteur arriva sur ces entrefaites et les autres convives le suivirent de près.

Quand on se fut placé à table, il se trouva un couvert de trop; la maîtresse de la maison donna ordre de l'enlever.

Peyraicave s'évertuait à faire dignement les honneurs du repas, quoiqu'à vrai dire il se sentît embarrassé. D'une part, il n'osait se livrer à sa gaîté ordinaire en présence de l'orpheline et de sa douleur; de l'autre, il souffrait de ne pouvoir dérider le visage de ses convives et bannir, par quelque joyeux propos, a contrainte et l'étiquette. Il hasarda enfin, à mi-voix, et pour un de ses voisins, une facétie qui épanouit les lèvres de celui qui l'entendit. Bientôt le bon mot et le sourire firent le tour de la table. D'abord redit tout bas, ce mot, en atteignant le terme de sa course, était proclamé à haute voix, et le sourire en cheminant devenait du rire. La glace était rompue et le branle donné ; Peyraicave, qui n'avait ni ri, ni fait rire depuis quinze jours, et que l'ardeur du vin de Champagne rendait impérieusement à sa nature joviale, ne connut bientôt plus de frein : il se livra à ses plus extravagantes bouffonneries ; peu à peu une folle hilarité éclata de toutes parts autour de l'orpheline. Les regards du bourgmestre qui, seul, restait impassible au milieu de la gaîté générale, se portèrent instinctivement sur Marianne.

Elle dormait ; sa tête blonde était renversée

en arrière sur sa chaise , et ses bras, sans
mouvement, retombaient le long de son
corps.

Cependant, l'intarissable Peyraicave entretenait avec ardeur le feu roulant de ses plaisanteries. Bonnes ou mauvaises, elles ne pouvaient manquer de réussir à la fin d'un dîner
d'artiste, et près de gens montés au diapson
de la plus extrême gaîté.

— Fermez donc la porte! cria-t-il à un domestique qui sortait les mains chargées :
fermez la porte : si Ernest de Mandelle était
ici, il se croirait déjà menacé d'une fluxion
de poitrine, tant le courant d'air est vif!

Au nom d'Ernest de Mandelle, le docteur,
qui ne cédait à aucun des convives sa part

de rire, tressaillit tout-à-coup et releva la
tête. Son visage, d'une façon comique, passa,
des crispations du rire à la stupeur de la surprise et d'une vive inquiétude.

— Sois sans crainte, vilain jaloux, continua Peyraicave : de Mandelle est indisposé
ou plutôt se croit indisposé. Il me l'a écrit
tout-à-l'heure. Tu sais bien, d'ailleurs, que
ce pauvre malade imaginaire ne sortirait point
de chez lui par le froid qu'il fait, même pour
le plus attrayant rendez-vous; prends paisiblement ton café; aucun danger ne menace
ton trésor. Allons! mon pauvre ami, un peu
moins de jalousie!

Le docteur haussa les épaules avec impatience et fronça le sourcil : les contes de l'artiste lui parurent dès lors insupportables.

Dans le mouvement qui se fit pour passer de la salle à manger au salon, il prit son chapeau, s'échappa et mit tant d'empressement à sortir, que, malgré la violence du froid, il oublia de reprendre son manteau. Comme aucune voiture ne se trouvait sur son chemin, il se dirigea précipitamment et au pas de course vers son hôtel.

Ernest de Mandelle se promenait, à cheval, sous les fenêtres de cet hôtel.

IV.

LA MAISON DU PROTECTEUR.

On ne l'a point oublié, vers la fin du dîner,
le bourgmestre de Lewarden avait vu Marianne lutter contre le sommeil, sans pouvoir le vaincre ; elle avait fini par poser doucement sa tête sur l'épaule de madame Pey-

raicave et s'y était endormie profondément à la surprise et au scandale de menheyr Van-Gastel.

Quelle éducation reçoivent donc ces jeunes filles de Paris? s'était-il demandé. Depuis quand les jeunes personnes s'endorment-elles à table, comme si elles se trouvaient dans leur chambre à coucher? On les habitue à vivre dans une liberté absolue et à ne tenir jamais compte des convenances. Oh! si l'orpheline vient demeurer sous mon toit et dans ma famille, il faudra qu'elle reçoive de meilleures leçons et qu'elle prenne d'autres habitudes!

Tandis que son mari s'indignait contre le sommeil intempestif de Marianne, madame Van-Gastel se sentait émue de compasion en voyant l'orpheline succomber à la violence des fatigues produites par la douleur et par les larmes. Elle remarquait encore, avec la sagacité du cœur, combien ce sommeil présentait aux yeux quelque chose d'inusité et de pénible. De temps à autre, un frisson passait sur le visage de Marianne, dont la pâleur mate reflétait, avec des tons pleins de douceur, les caresses de la lumière.

Madame Peyraicave avait senti la tête de Marianne s'appuyer sur son épaule, et s'était, dès lors, gardée de tout mouvement qui pût réveiller la jeune fille. Quand on sortit de table, elle prit Marianne, comme l'eût fait une mère, et l'emporta dans sa chambre à coucher, afin de la déposer sur le lit. Elle n'avait que peu de pas à faire pour gagner cette chambre, et ses mains occupées à étreindre Marianne ne lui permettaient point de tenir un flambeau. Ce fut donc sans lumière qu'elle arriva près du lit. Au moment où elle plaçait doucement la tête de l'orpheline sur l'oreiller, elle sentit des larmes tomber sur ses doigts ; elle se pencha vers Marianne et la prit par la main.

— Qu'as-tu, mon enfant ? lui demanda-t-elle ; pourquoi ces pleurs ? Confie-moi la cause de ton chagrin.

Marianne releva la tête, passa tendrement son bras autour du cou de madame Peyrai-cave, et murmura :

— Par tendresse pour le souvenir de mon père, ne me séparez point de vous, ma mère d'adoption. Laissez-moi vivre près de votre bon mari, près de votre petite fille, près de vous. Vous m'enseignerez à travailler; vous serez bonne pour moi. Là-bas, près de ces étrangers, le désespoir et le malheur m'attendent! Vous voyez bien que cet homme me vend sa protection; qu'il est dur, sans compassion, sans pitié, sans miséricorde; il me fait peur. Ma mère, ma bonne mère, laissez-moi près de vous; ne m'abandonnez pas?

Madame Peyraicave écoutait avec surprise ces paroles. Elle n'avait point appris à Marianne les projets formés sur elle; elle se demandait comment Marianne se trouvait instruite d'un secret qu'on avait voulu lui tenir caché?

— Qui donc, mon enfant, t'a parlé de ces desseins? demanda-t-elle; rassure-toi. S'ils doivent t'affliger à ce point, nous y renonce-

rons; tu ne me réponds pas? Tu hésites !
Allons, sois sans crainte. Dis-moi qui t'a fait
confidence de nos projets ?

Marianne ne répondit point; ses bras qui
étreignaient le cou de madame Peyraicave se
desserrèrent peu à peu et finirent par s'en détacher entièrement. Elle laissa retomber sa
tête sur l'oreiller; sa respiration égale et régulière apprit bientôt à la femme de l'artiste
que la jeune fille s'était profondément ren-
dormie.

Quand madame Peyraicave rentra dans le
salon, on parlait du départ de Marianne pour
la Hollande, chacun se félicitait de l'heureuse
position que la générosité du bourgmestre accordait à la jeune fille.

— Dès que Marianne sera réveillée, dit
Peyraicave, nous la préviendrons du change-

ment inespéré qui s'opère dans sa destinée.
Elle s'éveillera bientôt; une somnolence semblable à celle que vous avez vue tout-à-l'heure,
s'empare souvent d'elle à son insu; d'après le
docteur, c'est un résultat de la fatigue et de
l'excitation nerveuse qu'a subies, depuis
quelques temps, la frêle constitution de cette
enfant. Kreischmann espère que les phéno-
mènes maladifs ne tarderont point à disparaître, dès que Marianne se trouvera au milieu
des habitudes calmes d'une vie régulière et
loin des agitations qui se succèdent si cruellement pour la pauvre petite, depuis quelques jours... N'est-ce pas, docteur? Où diable
est donc passé le docteur Kreischmann? Ah!
je le comprends; il est retourné en toute hâte
chez lui. Ernest n'a point voulu dîner avec
nous et Kreischmann court veiller sur sa pupille... Eh! que me veux-tu, ma femme, avec
tes signes?

Madame Peyraicave prit son mari par la main et l'entraîna dans un coin du salon.

— Calme un peu l'excitation dans laquelle t'on jeté le rire et quelques verres de vin de Champagne. Marianne connaît nos projets ; elle vient de me supplier, avec des larmes, de ne point confier sa destinée à ces étrangers. Elle se désespère à la pensée de nous quitter.

— Il eût été plus sage qu'elle partît ; mais puisqu'elle répugne à nous quitter, elle restera. Dieu fera le reste pour elle et pour nous !

Une demi-heure après cet entretien des deux époux, Marianne rentra dans le salon ; elle s'excusa du sommeil qui l'avait saisie sans qu'elle s'en aperçût et pria madame Van-Gastel de le lui pardonner.

— J'ai tant souffert, dit-elle, et je souffre tant dans mes longues nuits d'insomnie, que, le jour, la nature reprend ses droits ; mes yeux se ferment involontairement, comme vous l'avez vu.

— Mon enfant, reprit madame Van-Gastel, votre santé, compromise par de graves secousses, nécessite un changement d'air et de lieu. Il faut que vous quittiez une ville où des souvenirs douloureux s'éveillent, à chaque pas, pour vous. Venez passer quelque temps dans notre famille : si vous ne vous y déplaisez pas, si l'affection que nous vous y témoignerons, vous sont agréables, il ne tiendra qu'à vous de ne jamais nous quitter et de devenir une fille bien-aimée pour menheyr Van-Gastel et pour moi. Je vous aimerai comme mon enfant.

Madame Peyraicave allait interrompre la femme du bourgmestre, pour ne point laisser exprimer à Marianne un refus pénible : elle voulait déclarer qu'elle ne se sentait pas la force de se séparer de l'enfant d'Anselme, maintenant que l'heure du sacrifice lui en faisait comprendre toute l'étendue.

A sa grande surprise, Marianne prit la main de madame Van-Gastel et la porta à ses lèvres avec une vive émotion. La physionomie de la jeune fille exprimait la surprise et l'attendrissement.

— Dieu vous bénisse pour la protection généreuse que vous daignez accorder à l'orpheline, dit-elle. Je quitterai pour vous suivre, non sans regret, mais sans inquiétude, les amis dévoués qui m'ont recueillie chez eux et qui m'ont servi de famille. Merci, monsieur Van-Gastel, merci, madame! Ma tendresse, ma reconnaissance et mon respect vous prouveront, je l'espère, que la fille d'Anselme de Selvignies n'est point tout-à-fait indigne de vos bontés; oui, je serai votre fille!

Madame Peyraicave embrassa Marianne, et lui dit à voix basse :

— Chère petite, tu fais un sacrifice au-dessus de tes forces; je ne veux pas te le laisser accomplir jusqu'au bout. Tout-à-l'heure, j'ai confié à Peyraicave tes répugnances pour ce voyage et ton aversion pour menheyr Van-Gastel : il ne veut plus entendre parler de ton départ : nous te garderons près de nous. Plus de séparation!

Marianne regarda madame Peyraicave avec étonnement.

— Ma répugnance! mon aversion! dit elle, je ne vous comprends point, ma bonne mère; je n'éprouve rien de cela.

— Tout-à-l'heure, tu m'as embrassée avec désespoir, et tu m'as suppliée, en pleurant, de ne point te laisser partir avec le bourg-mestre.

Marianne regarda madame Peyraicave avec une surprise et une ignorance qui déconcertèrent celle-ci.

— Tu ne te rappelles pas ce que tu m'as dit tout-à-l'heure, quand je t'ai déposée sur mon lit? Tu ne te le rappelles pas?

— Non, vraiment, j'ai beau interroger mes souvenirs...

— Eh bien! Marianne, interrompit Peyraicave, persistes-tu toujours dans ta résolution d'accepter les offres de M. le bourgmestre?

— Je serais une ingrate de les refuser, répondit elle.

— Mon enfant, continua l'artiste, un tel dessein ne saurait se prendre tout-à-coup et sans de mûres réflexions. Menheyr Van-Gastel apprécie la spontanéité avec laquelle tu viens d'accepter ses offres; elle lui prouve combien tu comprends sa bonté et ses sentiments affectueux pour toi et pour son parent, ton malheureux père. Un semblable parti, néanmoins, mérite un examen sérieux. Demain, nous irons rendre visite à M. le bourgmestre; si rien n'est changé, ni dans ta volonté, ni dans la sienne, ton départ sera irrévocablement résolu.

Ces paroles de Peyraicave reçurent l'approbation générale. Chacun se sépara bientôt; onze heures venaient de sonner.

Resté seul avec sa femme et Marianne, Peyraicave attira doucement près de lui la jeune fille, et lui dit avec bonté:

— Je ne te comprends pas; tout-à-l'heure tu te jetais en sanglotant au cou de ma femme pour qu'elle empêchât ton départ, et maintenant tu l'acceptes presque avec joie! D'où vient ce brusque changement? Pourquoi vouloir maintenant ce qui te désolait tantôt ?

— Mon ami, répondit Marianne, je ne puis vous donner d'autre réponse que celle que j'ai faite à madame Peyraicave. Je n'ai jamais exprimé de répugnance pour un parti qui me semble le seul raisonnable.

Madame Peyraicave allait interrompre Marianne; son mari la poussa du coude par un signe d'intelligence et pour l'empêcher de parler.

Marianne continua d'une voix douce et résignée :

— Vous n'êtes pas riche; les sacrifices que vous vous imposeriez pour moi vous seraient pénibles ; ils me causeraient sans cesse des remords ; je croirais faire un vol à vos enfants. Plus vous mettriez de générosité et de délicatesse à me cacher ce que je vous apporterais de privations et de surcroit de travail, plus je me reprocherais avec amertume vos bienfaits. Le bourgmestre a de l'opulence ; il est le parent de mon père par sa femme : toutes les conditions se trouvent réunies pour que je me place sous sa protection, n'est-ce pas mon ami ?

— Va donc ! soupira le peintre ; mais si jamais tu regrettes la résolution que tu prends ; si jamais tu ne trouves pas, en Frise, le bonheur sur lequel tu sembles compter.... n'hésite pas, mon enfant, à m'écrire. Je partirai aussitôt pour aller te reprendre et te ramener en France.

Marianne embrassa ses amis et se retira dans sa petite chambre. De leur côté, Peyraicave et sa femme rentrèrent chez eux et se mirent au lit. Quand ils se trouvèrent tous les deux la tête sur l'oreiller :

— Ma femme, dit Peyraicave, malgré sa résolution arrêtée et malgré les bonnes raisons qu'elle nous a données, j'ai bien envie de retenir Marianne; j'ai peur qu'elle ne soit point heureuse.

— Laissons partir cette jeune fille. Je n'y vois point d'inconvénient; si tes pressentiments se réalisent et disent vrai, la distance qui sépare Lewardeen de Paris est de cent cinquante lieues au plus; on peut les franchir en moins de huit jours. Songe, mon ami, que nous sommes dans une situation voisine de la pauvreté; que nous avons trois enfants et que, dans l'intérêt même de Marianne, rien ne peut lui arriver de plus heureux que la protection et l'adoption d'une famille riche. Marianne s'habituera bien vite à sa nouvelle existence, tu peux m'en croire.

En achevant ces mots, madame Peyraicave, par forme de conclusion et de clôture de son discours, souffla la bougie qui brûlait sur le somno et ne tarda point à imiter son mari qui dormait déjà profondément.

Le matin, au point du jour, tous les deux furent éveillés par des sanglots qui éclataient dans la chambre de Marianne. Madame Peyraicave se leva et courut près de la jeune fille. Marianne, assise sur son lit, les yeux fermés, pleurait amèrement. La femme du peintre l'appela plusieurs fois à haute voix, la prit dans ses bras, lui passa la main sur les yeux à diverses reprises, et parvint enfin à la tirer de son sommeil. Marianne, en s'éveillant, témoigna la plus vive surprise de se trouver dans les bras de son amie, et ne put lui expliquer le rêve qui lui avait fait verser tant de larmes. Les détails lui en étaient sortis de la mémoire et elle les avait complètement oubliés. Elle semblait maintenant aussi calme qu'elle paraissait naguère désespérée. Elle parla de son prochain départ, non sans regret, mais avec une résolution et une force qui déconcertaient la bonne femme. Peyraicave, à qui celle-ci vint tout conter, ne savait pas mieux qu'elle expliquer ces mystères.

Après une délibération nouvelle, il fut décidé, à l'unanimité du petit conseil, composé de deux voix, bien rarement désunies d'ail-

leurs, qu'on laisserait aller les choses à la volonté du destin.

— Marianne en sera quitte pour revenir
près de nous, conclurent - ils, comme ils
avaient conclu déjà la veille.

Une semaine s'écoula en apprêts de voyage ;
madame Peyraicave avait voulu donner un
trousseau à Marianne; mais madame Van-
Gastel avait insisté pour qu'on renonçât à ce
projet. Elle fit observer à la femme de l'artiste que les habitudes de la Hollande diffé-
raient des mœurs françaises, et que, d'ailleurs, il valait mieux réserver, pour un usage
plus sérieux, la petite somme que possédait
Marianne.

Huit ou dix jours après, menheyr Van-
Gastel vint annoncer que le départ était fixé au

lendemain. Tandis qu'il apprenait cette nouvelle à Marianne, Peyraicave tenait les yeux
fixés sur la fille d'Anselme et cherchait à lire
dans les siens. Il n'y vit briller que deux
larmes, sans désespoir, sans regret. Il en fut
de même lorsqu'il la mena saluer, de ses
derniers adieux, la tombe de son père. Son
émotion se montra vive, mais elle n'affaiblit
en rien sa résolution de partir. Enfin, le
courage ne lui faillit point à l'heure où, s'arrachant des bras de madame Peyraicave et de
son mari, elle monta dans la voiture du
bourgmestre, et se pencha à la portière pour
échanger, avec ses amis éplorés, en agitant
son mouchoir, les derniers signaux de saluts
et d'adieux.

La route de Paris à Lewardcen se fait rapidement et rassemble, dans sa variété, mille
incidents de nature à distraire de ses préoc-

cupations et même de ses chagrins, une jeune imagination. On traverse les riches provinces du nord de la France, et le chemin de fer vient, sur la frontière méridionale de la Belgique, recevoir le voyageur, qu'il emmène avec une rapidité magique jusque dans le port d'Anvers. A leur tour, les bateaux à vapeur déploient leurs nageoires agiles, et Rotterdam ne tarde point à montrer ses édifices bizarrement penchés sur ses innombrables canaux. Puis c'est La Haye, résidence royale, Leyde la savante, Harlem, la ville des fleurs, et Amsterdam, contre les digues de laquelle se brisent les flots redoutables du Zuyder-zée. Alors on touche au terme du voyage. Encore une journée de navigation, et le port solitaire d'Harlingen reçoit les voyageurs. Ici, tout change d'aspect; on est en Frise. Le mouvement cesse, le costume se modifie, le pays ne ressemble plus en rien à

la Hollande. Au mouvement du port, à l'activité des villes commerciales, succèdent un
calme et une immobilité dont aucune autre
contrée ne saurait donner d'exemple. On se
rend d'Harlingen à Lewardeen, après une
traversée de six heures : le bateau glisse lentement, traîné par un cheval; à travers les
eaux verdâtres d'un canal étroit, bordé sur
chaque rive, par des prairies à perte de vue.
Marianne regrettait, pendant la marche in-
sensible du bateau, les secousses brusques et
capricieuses du Zuyderzée; il lui semblait
que la sévère figure de menheyr Van-Gastel,
à mesure que le bourgmestre s'éloignait davantage de la France, prenait un caractère
plus grave et plus despotique. Madame Van-
Gastel semblait elle-même subir l'influence
des lieux nouveaux qu'elle traversait et se
montrer moins tendrement affectueuse pour
l'orpheline. Soit réalité, soit illusion, Ma-

rianne se sentit vaguement attristée par ce changement. Elle se rapprocha de sa protectrice, prit ses mains dans les siennes et les porta à ses lèvres. En ce moment, quelques paroles sortirent de la bouche taciturne de menheÿr Van-Gastel : elles étaient de nature à confirmer les pressentiments de la jeune fille.

—Faites trève à ces câlineries qui ne conviennent guère à une personne de votre âge, dit-il d'une voix rude, dont il cherchait cependant à modifier la sévérité naturelle : nous allons arriver : songez plutôt à seconder madame Van-Gastel et sa femme de chambre dans les préparatifs du débarquement. Il fait nuit ; si vous ne veillez pas attentivement sur les bagages, dans le désordre de l'arrivée, ils peuvent s'égarer facilement.

Marianne se hâta d'obéir, toujours empressée de complaire à ses protecteurs. Elle ne put néanmoins s'empêcher de comparer la manière dont lui avait parlé le bourgmestre, à la voix douce et tendre de son père. Son cœur se serra et ses yeux gardaient encore des traces de larmes, lorsqu'on arriva à la maison du bourgmestre.

Menheyer Van-Gastel n'avait prévenu personne de son arrivée, afin de surprendre ceux qui se trouvaient sous ses ordres et de s'assurer, à l'improviste et par lui-même, comment ils se comportaient en son absence. Tandis que les commis s'empressaient de venir saluer leur patron et qu'ils répondaient à ses questions multipliées, la vieille cuisinière, qui formait, avec la femme de chambre emmenée par madame Van-Gastel en France, tout le domestique de la maison, se hâtaient d'allumer du feu et de préparer à souper. Quand vint le moment de se mettre à table, le bourgmestre entra dans la salle à manger avec un jeune homme qui embrassa affectueusement madame Van-Gastel ; celle-ci lui rendit ses caresses avec effusion.

— Que vous avez tardé, mon cher Pétrus ! dit - elle en le serrant dans ses bras ; que vous avez tardé, mon fils !

— J'accourais, ma mère : les ordres de mon père m'ont retenu près de lui jusqu'à présent.

— Voici une sœur que nous vous amenons, reprit madame Van-Gastel en présentant Marianne à son fils.

— Qu'elle soit la bien-venue, puisqu'elle

est amenée par ma mère, et que vous en faites
ma sœur, répondit Pétrus.

—Trêve à toutes ces belles phrases, interrompit le bourgmestre ; Marianne est une de
nos parentes éloignées : son père, cousin paternel de votre mère, l'a laissée orpheline et
sans fortune, j'ai cru convenable de la recueillir chez moi et de me charger de son
avenir. Comme toujours, j'ai rempli mon devoir ; que chacun, à son tour, remplisse le
sien et imite mon exemple. Allons, madame,
c'est assez tenir dans vos mains les mains de
votre fils. Il faut laisser en France et à Paris
ces manières exagérées de sensibilité. Rede-
venez Hollandaise ; ne donnez point à cette
jeune fille l'exemple d'une affectation à laquelle l'habitude et une éducation mal diri-
gée ne la portent déjà que trop.

En achevant ces paroles, il se mit à table

et fit signe qu'on l'imitât. Le souper ne dura point longtemps et ne fut interrompu que par de rares paroles échangées, sans suite, entre les convives. Quand le bourgmestre se leva de table, sa femme prit Marianne par la main; elle la conduisit dans une petite pièce sans cheminée et dont une chaise, une table et une couchette complétaient le modeste mobilier.

— Voici votre chambre, mon enfant, dit-elle en posant sur la table la chandelle qu'elle tenait à la main. Bonsoir, Marianne!

Elle baisa la jeune fille au front et la laissa seule. Habituée aux recherches du luxe et aux prodigalités somptueuses dont l'entourait la tendresse passionnée de son père, Marianne ne put réprimer un soupir, et jetant les yeux sur les murs nus et sur l'ameublement de sa

nouvelle chambre. Un rideau de grosse étoffe
de coton voilait la fenêtre ; un papier peint,
de la plus mince valeur, couvrait les murailles;
le lit, sans draperies, n'avait d'autre orne-
ment qu'une de ces estampes enluminées,
vendues par les colporteurs, et représentant
les aventures de Geneviève de Brabant; le tout
enguirlandé d'une ballade hollandaise. Un
froid humide et pénétrant ne tarda point à arracher Marianne à cet examen; elle se désha-
billa à la hâte et se plongea dans son lit, où
le sommeil lui fit oublier bientôt Lewardeen,
menheyr Van-Gastel et tous les souvenirs du
présent et du passé.

Le matin, quand Marianne s'éveilla et leva
la tête de dessus son oreiller, un froid vif la
saisit et l'obligea à se replonger sous les cou-
vertures. Elle chercha ensuite le cordon de la
sonnette, pour appeler la femme de chambre,

afin qu'on vînt l'aider à s'habiller. Sa main se transit avant d'avoir pu trouver ce cordon; attendu qu'il n'existait pas. Tandis qu'elle regardait autour d'elle avec étonnement quels moyens elle emploierait pour appeler, et pour faire savoir qu'elle désirait se lever, la voix du bourgmestre se fit entendre dans une chambre voisine.

— Neuf heures du matin, disait-il, et la petite Parisienne n'est pas encore debout? Je m'étonne de cette paresse !

— Le voyage l'a beaucoup fatiguée; j'ai pensé qu'il fallait lui laisser, pendant les premiers jours de son arrivée, le temps de réparer ses forces par un repos plus long, répliqua la voix de madame Van-Gastel.

— Vous avez été, comme toujours, inconséquente avec mes volontés, reprit-il. Cette enfant va prendre des habitudes d'oisiveté et de grands airs parisiens qui provoqueront des luttes, quand il faudra la ramener à la discipline de ma maison. Dès demain, je veux qu'elle se lève à sept heures, comme chacun le fait ici. Prenez soin aussi de ne pas lui laisser dissiper son temps en oisiveté ou en occupations futiles; songez qu'il faut la rendre laborieuse ! Elle doit oublier son passé de luxe et apprendre à devenir une femme digne d'un honnête bourgeois. Elle a été follement élevée; il est plus que temps de la soumettre à une éducation solide, prudente et sans faiblesse.

Il s'éloigna, et madame Van-Gastel se hâta d'entrer chez Marianne. Le cœur de la jeune fille s'était serré en entendant les dures paroles du bourgmestre. La douceur et l'empressement de sa femme lui rendirent du courage. Elle se hâta de se lever, et, grâce aux soins de la bonne dame, sa toilette se trouva bientôt terminée.

Dès qu'elle fut prête, elle suivit la maîtresse de la maison au parloir. C'était une vaste pièce, dans laquelle madame Van-Gastel se tenait toute la journée, et qu'échauffait une énorme grille, pleine de charbon flamboyant. Les solives du plafond se détachaient en poutres saillantes et brunes; des chaises de paille formaient, avec une grande table ronde et deux hauts bahuts en chêne, chefs-d'œuvre de quelque ouvrier du seizième siècle, le mobilier de cette pièce d'un ensemble attristant. Madame Van-Gastel servit elle-même à Marianne, sur le bord de la table, un déjeûner léger, et l'invita après ce court repas à venir s'asseoir près d'elle. Elle avait

quitté les vêtements qu'elle portait en voyage
pour reprendre le costume frison. Une large
couronne d'or ceignait sa tête et venait se
terminer, sur le front, en deux larges fleurs
de diamants. Un voile de dentelle, pittores-
quement ajusté par-dessus le cercle de la
couronne, retombait en longs plis et descen-
dait jusqu'aux épaules que la coupe du corsage de laine noire laissait en partie décou-
vertes. Ce corsage serrait la taille, finissait
en basquine et venait se détacher sur une
jupe d'un rouge éclatant. Les manches, fort
larges et retroussées sur un parement, arri-
vaient seulement au coude. Une mitaine trico-
tée à jours dessinait, sous ses mailles transpa-
rentes, les contours de l'avant-bras. Avec ce
costume, madame Van-Gastel prenait un aspect imposant, bien éloigné de la tournure
empruntée que lui valait naguère sa toilette
parisienne. De gauche bourgeoise endiman-

chée, elle était devenue une reine majes-
tueuse qui inspirait le respect.

— Chère Marianne, dit-elle à la jeune
fille, tandis que celle-ci la regardait avec curiosité, la vie que vous allez trouver dans
notre famille diffère beaucoup des habitudes
françaises. La tendre affection que je vous
porte leur ôtera, je l'espère, tout ce que ce
changement d'existence pourrait vous présenter de pénible. Les jeunes filles de Lewardeen
portent comme moi le costume frison; voici
des étoffes de deuil que j'ai fait apporter;
voulez-vous que nous vous en taillons une
robe à basquines et une jupe à larges plis.
Enfin, dit-elle, voici un *cap-oor* que portait
ma fille, avant que Dieu ne la rappelât à lui;
puisque la volonté divine me rend une fille
en vous, ce diadème vous appartient.

Marianne porta la main de l'excellente femme à ses lèvres.

— Vous allez me trouver bien mauvaise ouvrière, avoua-t-elle. A peine les devoirs de mon éducation me laissaient-ils, à Paris, le temps de faire à l'aiguille quelques ouvrages de broderie.

— Je vous donnerai des conseils, mon enfant, reprit la femme du bourgmestre qui se mit à déployer les étoffes et à les tailler, sur des patrons, avec une habileté et un savoir-faire de couturière consommée. Marianne seconda de son mieux l'excellente Hollandaise dans ces soins importants. La femme de chambre vint aider sa maîtresse, et le soir à dîner, l'orpheline put revêtir le costume commencé le matin. Par une innocente coquet-

terie de jeune fille, lorsque le bourgmestre
entra dans le parloir, transformé en salle à
manger, elle courut au-devant du vieux né-
gociant et, avec une gentillesse qui eût trans-
porté de joie le pauvre Anselme, hélas! elle
demanda :

— Me trouvez-vous bien ainsi, menheyr ?
Suis-je une Frisonne à votre gré ? Votre costume national me sied-il ?

— Je vous trouverais encore mieux, avec
moins de coquetterie, répliqua-t-il d'un ton
sévère, qui réprima le mouvement expansif
de l'orpheline et la replongea dans sa mélan-
colie habituelle.

Le dîner se passa tristement. Madame Van-
Gastel comprenait combien était cruelle en-

vers Marianne la rigueur puritaine de son mari; cependant, elle n'osait ni essayer de le lui faire comprendre, ni chercher à consoler la jeune fille. Le bourgmestre, pendant tout le repas, s'entretint en hollandais avec ses deux commis et son fils : deux fois il s'interrompit pour réprimander ce dernier, qui échangeait quelques paroles avec Marianne.

— Votre cousine n'a point besoin d'entendre un inutile bavardage, dit-il; employez mieux votre langue et votre temps.

En sortant de table, Pétrus remonta dans les bureaux avec les commis : le bourgmestre se rendit à la société *Prudentia*, c'est-à-dire au club qui réunissait, chaque soir, les négociants les plus importants de Lewardcen, et les bourgeois retirés des affaires.

Quand il se fut éloigné, Marianne porta ses

yeux autour d'elle, et sembla chercher quelque chose.

— Que desirez-vous, mon enfant? dit madame Van Gastel, tout en aidant la cuisinière à débarrasser la table.

— Je cherche le piano, madame.

— Le piano! Hélas! répondit la femme du bourgmestre, en essuyant une larme, il se trouve dans le salon. Voici deux années qu'une seule de ses cordes n'a résonné.

— Pourquoi donc cela ?

— C'est qu'il appartient à mon fils.

J'ignorais que mon cousin Pétrus fût musicien.

Madame Van-Gastel regarda l'heure qu'in-
diquait une grande pendule de Boule.

— Catt, dit-elle à la femme de chambre,
allumez du feu dans la cheminée du salon,
nous nous tiendrons ce soir dans cette pièce.

Tandis que la femme de chambre obéissait,
sa maîtresse emmena Marianne près de la
table, et lui dit à voix basse :

— Tout-à-l'heure, mon enfant, tout-à-
l'heure vous saurez mes chagrins. Vous êtes
ma fille; je ne veux rien vous cacher. D'ailleurs, il faut que vous soyez initiée aux douleurs de notre famille; vous en faites partie
maintenant, et pour toujours, n'est-ce pas?

Quand tout fut prêt dans le salon, et que
la femme de chambre fut venue se rasseoir

devant la table près de laquelle elle avait déjà travaillé le reste de la journée, madame Van-Gastel emmena Marianne dans le salon.

Marianne ne put réprimer, en entrant, un cri de surprise et d'admiration. Des tableaux de grands maîtres, appartenant à l'école flamande et à l'école hollandaise, tapissaient les murs de cette immense galerie. Rembrandt, Rubens, Mieris, Terburg, s'y montraient dans toute la puissance de leur merveilleux talent. Habituée à comprendre et à goûter la peinture, Marianne allait de l'un à l'autre maître, les désignait du premier coup-d'œil par leur nom, et en détaillait les beautés avec enthousiasme. Quand son exaltation se fut un peu calmée, madame Van-Gastel mena la jeune fille près d'un piano à queue, enseveli sous une custode de toile verte. Marianne l'ouvrit, l'essaya et s'assura, non sans joie, que l'instrument, chef-d'œuvre d'un artiste allemand, se trouvait d'accord. Elle se mit à jouer un des morceaux qu'affectionnait son père, une symphonie de Beethoven; ensuite elle chanta une ballade de Shubert.

Tout-à-coup madame Van-Gastel l'interrompit.

— Cessez, mon enfant! par pitié, cessez cette ballade, dit-elle; Daniel me la chantait souvent, Daniel que je n'ai point embrassé depuis quatre années; Daniel, mon fils! mon pauvre enfant!

— Pourquoi vit-il loin de vous? Pourquoi son nom n'est-il jamais prononcé dans votre famille? J'ignorais que vous eussiez un second fils.

— Son père nous défend de parler de lui; Daniel lui a désobéi. Il s'est refusé aux études commerciales qu'on lui imposait. Une vocation impérieuse. le poussait vers les sciences exactes. Des luttes terribles ont eu lieu entre son père et lui. Menheyr Van-Gastel n'a jamais commis une faute ; il est sans pitié pour la moindre erreur. Il n'a point pardonné à la désobéissance de son fils, et il l'a jeté dans la cruelle alternative, ou de se soumettre sans condition, ou de quitter le toit paternel. Un matin, Daniel, sans que son père lui permît même de m'embrasser, est parti pour l'Allemagne. Je le vois encore me disant adieu de loin, par un geste plein de désespoir et de douleur... Une mère devrait pouvoir mourir quand elle reçoit de pareils coups.

— Du moins vous en recevez des lettres ?

Madame Van-Gastel regarda autour d'elle et baissa la voix :

— Tais-toi, murmura-t-elle avec terreur,
tais-toi, Marianne. Si mon mari le soupçonnait, il n'aurait jamais un pardon pour cette
désobéissance. Une de mes sœurs qui habite
Harlingen reçoit les lettres de Daniel et me
les remet en secret, quand elle vient à Lewardeen. Huit mois se passent quelquefois
sans que j'aie la triste consolation de lire ces
lettres écrites depuis si longtemps!... Recommencez la symphonie de Beethoven, Marianne;
elle étouffera mes sanglots, elle empêchera
que personne ne les entende! On ne saura
point qu'une mère a pleuré son fils absent et
perdu pour elle! On ne lui en fera point un
crime!

Les deux femmes restèrent dans le salon
jusqu'à dix heures ; Marianne faisait encore chanter l'instrument sous ses doigts,
lorsque le bourgmestre entra tout-à-coup.

— Il est temps de vous retirer dans votre chambre, dit-il à la jeune fille, qui s'interrompit aussitôt. Puisque vous êtes bonne musicienne et que vous avez le goût de cet art, je ne m'opposerai point à ce que vous le cultiviez. Demain, je ferai transporter le piano dans le parloir ; il est inutile de conserver, à la fois, du feu dans le salon et dans une autre pièce... Demain, à sept heures, tout le monde sera levé ; je compte sur vous pour vous conformer à la règle de ma maison.

Marianne, le cœur douloureusement serré, rentra dans sa petite chambre avec la pensée d'écrire à Peyraicave qu'il vînt la tirer de cette triste maison. La tendresse que lui témoignait madame Van-Gastel ne tarda point à la ramener vers d'autres idées et à plus de résignation à son sort.

— Non, dit-elle, je n'abandonnerai pas un

cœur qui souffre et auquel je puis apporter un peu de consolation; je resterai près de cette mère qui a perdu sa fille unique et qu'un odieux despotisme tient séparée d'un autre enfant. D'ailleurs, quelle destinée m'attendrait à Paris? Il faudrait m'imposer à l'affection d'amis fidèles, mais pauvres eux-mêmes. Non, Dieu me donnera la résignation et la persévérance nécessaires.

Agenouillée devant le crucifix qui avait reposé sur le cercueil de son père, pendant les tristes cérémonies des funérailles, elle pria longtemps avec ferveur pour sa mère, dont elle était si cruellement séparée, et pour cette autre mère désolée, qui pleurait aussi sur son fils absent.

— Bénissez-les et protégez-les toutes deux, dit-elle. Daignez les consoler dans leurs amères souffrances!

Le lendemain matin, quand elle se leva, madame Van-Gastel vint embrasser sa jeune amie avec des transports de joie.

— Il revient! il revient! s'écria-t-elle; Dieu a entendu mes plaintes. Dans quelques semaines, dans quelques jours peut-être, Daniel sera près de moi. Daniel, mon fils! absent depuis si longtemps!

— De qui donc tenez-vous cette heureuse nouvelle, madame?

— De menheyr Van-Gastel lui-même; hier soir, il me l'a dit.

« Votre fils Daniel sera sous peu à Lewardeen, m'a-t-il annoncé. »

— Et comme je le regardais avec un mélange d'angoisse et de doute :

« Le châtiment a porté ses fruits; le fils

rebelle s'amende et s'humilie. Il demande grâce.

« — Et vous lui avez pardonnez?

« — A la condition qu'il renoncerait à ses études insensées, pour se soumettre, sans restriction, à mes ordres.

—Il y a consenti? Il ne refuse plus de vous obéir?

« — Lisez cette lettre... » La voici cette lettre; écoute, Marianne, écoute, mon enfant :

« Mon père, j'ai été pour vous un fils désobéissant et coupable. Je reconnais ma faute et je vous en demande humblement pardon. Je suis prêt à vous obéir en tout. Daignez m'accorder la grace que je sollicite humblement, et permettez-moi de revenir embrasser ma mère.

« DANIEL. »

Toute la maison ne tarda point à connaître cette heureuse nouvelle. Pétrus, les commis et les deux vieilles servantes en témoignèrent leur joie.

Menheyr le bourgmestre resta dans son impassibilité ordinaire, tandis que chacun, autour de lui, comptait les jours qui devaient s'écouler encore avant le retour de Daniel dans sa famille.

FIN DU PREMIER VOLUME.

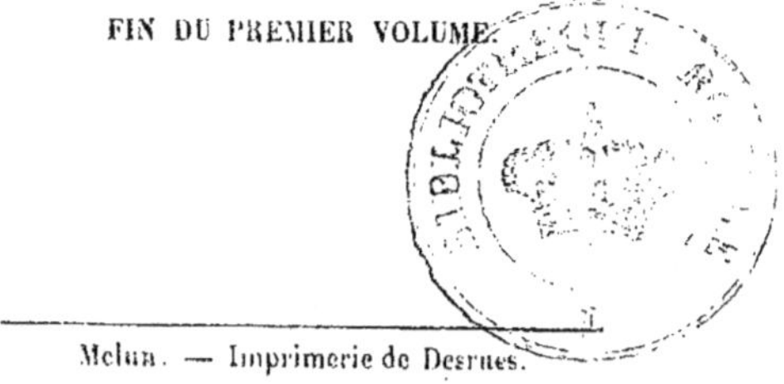

Melun. — Imprimerie de Desrues.

LE CABINET DE LECTURE,

COLLECTION DES MEILLEURS

ROMANS MODERNES

Quatorze cents volumes in-12.

Prix net : 800 francs.

Chaque Roman pris par unité : UN franc le volume ; chaque volume pris
séparément DEUX francs.

Liste des Auteurs composant la Collection.

Paul de Kock.	Walter-Scott.
Victor Ducange.	Cooper.
Anne Radcliffe.	Châteaubriand.
Madame de Genlis.	Capitaine Marryat
Madame de Souza.	Pigault-Lebrun.
Madame Cottin.	Auguste Ricard.
Barthélemy Hadot.	Amédée de Bast.
Dinocourt.	Raban.
Guérin.	Lamothe-Langon.
Touchard-Lafosse.	Maximilien Perrin.
De Salvandy.	Arsène de Cey.
Defauconpret.	Hoffmann.
P. L. Jacob.	Marie Aycard.

Romans de Brigands, de Châteaux, etc , etc.

N. B. Le Catalogue complet et détaillé de cette Collection sera expédié par
la poste, et franc de port, à toutes les personnes qui nous en feront la demande par lettres affranchies.

Bordeaux, Impr. de E. Dépée.